历代经典碑帖实用教程丛书

米芾·苕溪诗帖

陆有珠　主编

广西美术出版社

图书在版编目（CIP）数据

米芾·苕溪诗帖/陆有珠主编. -- 南宁:广西美术
出版社, 2024.3
（历代经典碑帖实用教程丛书）
ISBN 978-7-5494-2769-7

Ⅰ.①米… Ⅱ.①陆… Ⅲ.①行书—书法—教材
Ⅳ.① J292.113.5

中国国家版本馆 CIP 数据核字（2024）第 023921 号

历代经典碑帖实用教程丛书
LIDAI JINGDIAN BEITIE SHIYONG JIAOCHENG CONGSHU

米芾·苕溪诗帖
MI FU TIAOXISHI TIE

主　　编：陆有珠
本册编者：利开平
出 版 人：陈　明
终　　审：谢　冬
责任编辑：白　桦
助理编辑：龙　力
装帧设计：苏　巍
责任校对：卢启媚　韦晴媛　梁冬梅
审　　读：陈小英
出版发行：广西美术出版社
地　　址：广西南宁市望园路 9 号（邮编：530023）
网　　址：www.gxmscbs.com
印　　制：广西壮族自治区地质印刷厂
开　　本：889 mm × 1194 mm　1/16
印　　张：8.75
字　　数：88 千
出版日期：2024 年 5 月第 1 版第 1 次印刷
书　　号：ISBN 978-7-5494-2769-7
定　　价：40.00 元

前 言

中国书法是中华民族传统文化的明珠，这门古老的书写艺术宏大精深而又源远流长。几千年来，从甲骨文、钟鼎文演变而成篆隶楷行草五大书体。它经历了殷周的筚路蓝缕、秦汉的悲凉高古、魏晋的慷慨雅逸、隋唐的繁荣鼎盛、宋元的禅意空灵、明清的复古求新。改革开放以来兴起了一股传统书法教育的热潮，至今方兴未艾。随着传统书法教育的普遍开展，书法爱好者渴望有更多更好的书法技法教程，为此我们推出这套《历代经典碑帖实用教程丛书》。

本套丛书有以下几个特点：

1. 典范性。学习书法必须从临摹古人法帖开始，古人留下许多碑帖可供我们选择，我们要取法乎上，选择经典的碑帖作为我们学习书法的范本。这些经典作品经过历史的选择，是书法艺术的精华，是最具代表性、最完美的作品。

2. 逻辑性。有了经典的范本，如何编排？我们在编排上注意循序渐进、先易后难、深入浅出、简明扼要。比如讲基本笔画，先讲横画，次讲竖画，一横一竖合起来就是"十"字。然后从笔画教学引入结构教学，将两者有机地结合起来，再引导学生自练横竖组合的"土、王、丰"等字。接下来横竖加上撇就有"千、开、井、午、生、左、在"等字。内容扩展得有条有理，水到渠成。这样一环紧扣一环，逻辑性很强，以一个技法点为基础带出下一个技法点，于是一个个技法点综合起来，就组成非常严密的技法阵容。

3. 整体性。本套丛书在编排上还注意到纵线和横线有机结合的整体性。一般的范本都是采用单式的纵线结构，即从笔画开始，次到偏旁和结构，最后是章法，这种编排理论上没有什么问题，条理清晰，但是我们在书法教学实践中发现，按这种方式编排，教学效果并不理想，初学者往往会感到时间不够，进步不大。因此本套丛书注重整体性原则，把笔画教学和结构教学有机结合，同步进行。在编排上的体现就是讲解笔画的写法，举例说明该笔画在例字中的作用，进而分析整个字的写法。这样使初学者在做笔画练习时，就能和结构训练有机地结合起来。几十年的教学经验证明，这样的教学事半功倍！

4. 创造性。笔画练习、偏旁练习、结构练习都是为练好单字服务。从临摹初成到转入创作，这里还有一个关要通过，而要通过这个关，就要靠集字训练。

本套教程把集字训练作为单章安排，这在实用教程中也算是一个"创造"，我们称之为"造字练习"。造字练习由三个部分组成，即笔画加减法、偏旁部首移位合并法、根据原帖风格造字法，并附有大量例字，架就从临摹转入创作的桥梁，让初学者能更快更好地创作出心仪的作品。

5.机动性。我们在教程的编排上除了讲究典范性、逻辑性、整体性和创造性，还讲究机动性。为什么？前面四个"性"主要是就教程编排的学术性和逻辑性而言；机动性主要是就教学方法而言。建议使用本套教程的老师在教学上因时制宜。现代社会的书法爱好者大多要上班，在校学生功课多，平时都是时间紧迫，少有余暇。而且现在硬笔代替了毛笔，电脑代替了手写，大多数人并不像古人那样从小拿毛笔书写。在这种情况下，怎么能更快地写出一幅好作品？笔者有个建议，在时间安排上，笔画练习和单字结构练习花费的时间不要太长，有些老师教一个学期还只是教点横竖撇捺的写法，导致学生很难有兴趣继续学习下去。因为缺乏成就感，觉得学书法枯燥无味。如果缩短前面的训练时间，比较快地进入章法训练，就可以先学习整幅书法作品，然后再回来巩固笔画和结构，这样交替进行。学生能成功地写出一幅作品，其信心会倍增，会更有兴趣练下去。兴趣是最好的老师，要让学生学得有兴趣，老师就要打破常规，以创代练，创练结合，交替进行，使学生既能入帖，又能出帖，就能尽快地出作品、出精品。

诚然，因为我们水平所限，教程中定会有许多不足之处，恳请使用本套教程的朋友多多指正，以便我们再版时加以改正。

目 录

第 1 章

米芾与《苕溪诗帖》简介

　　米芾生于北宋仁宗皇祐四年（1052年），卒于徽宗大观二年（1108年），初名黻，后改芾，字元章，号襄阳漫士、海岳外史等。祖居山西太原，后迁湖北襄阳，晚年定居江苏镇江。自小学习书画，向时人学习，也向古帖取法。他临摹古帖，形神精妙，几可乱真，由集古而出新，与蔡襄、苏轼、黄庭坚合称"宋四家"。曾任校书郎、书画学博士、礼部员外郎。

　　《苕溪诗帖》是米芾三十六岁时所作，时为宋元祐三年（1088年），与《蜀素帖》同为米芾行书的重头戏，并称米书双璧。《苕溪诗帖》的用笔有如下特点：

　　一是中锋侧锋兼用，藏锋与露锋并施，善于在平中见奇、险而不怪，在正侧、俯仰、向背、曲直、转折和顿挫中形成潇洒俊迈的气势、痛快淋漓的风韵或杀锋落笔重若崩云，往往以很重的落墨起笔，让人震撼。如帖中"襄、夏、去、载、枚"等字，起笔都是势大力沉的圆头横。行笔到中段稍提而过，尾部又顿按，但没有起笔那么狠而重，显得有急有缓、有主有次，富于变化。

　　二是横画的左伸右缩，对比明显，如帖中"夏、去、秋、半、青、梁"等字。

　　三是竖画多欹侧，竖画上部偏向左，下部偏向右，如帖中"群、哗、辞、声、怜、行"等字，玉树临风、摇曳多姿。

　　四是蟹爪钩的妙用。蟹爪钩是一种惯常发力点产生时间差的钩法，出钩前要增加一段横向运动过程作为蓄势铺垫，其形状如同螃蟹扬爪横行，故名。其在汉隶中已见端倪，王羲之、王献之和颜真卿等书法家都有运用。米芾《苕溪诗帖》也大量运用这一技法。例如"将、谢、寻、浮、转（轉）、宁"等字的竖钩，"戏（戲）、秋、周"等字的竖撇。

　　五是捺画的变化。人们通常写捺画特别是平捺，多以左轻右重，一波三折而过，《苕溪诗帖》除了守常之外，还有出新，即反捺的变化，写出了极为别致的反捺，反过来变成左重右轻。例如帖中的"峰、漫、入、还、通、过、游（遊）"等字的反捺。

　　《苕溪诗帖》的结构欹正相生，通常有欹侧的体势，欲扬先抑、欲左先右、欲疏反密。如在保持重心平稳的基础上，极力将竖画往右下偏斜，又在适当的位置调整一些笔画或字向左下倾斜，增加了灵动跌宕的风姿和骏逸飞动的神态。

　　《苕溪诗帖》的章法也颇具匠心，可谓稳而不俗、险而不怪、老而不枯、润而不肥。紧凑的点画与大段的留白形成强烈的对比，粗重的笔画与轻柔的牵丝交相辉映，骏逸的笔势与涩滞的笔触相辅相成。在重视整体气势的同时，兼及细节的雕琢，把风樯阵马的动态与沉雄稳健有机地融合，创造出激越痛快、翰逸神飞的意境。

第 2 章

书法基础知识

1. 书写工具

笔、墨、纸、砚是书法的基本工具，通称"文房四宝"。初学毛笔字的人对所用工具不必过分讲究，但也不要太劣，应以质量较好一点的为佳。

笔：毛笔最重要的部分是笔头。笔头的用料和式样，都直接关系到书写的效果。

以毛笔的笔锋原料来分，毛笔可分为三大类：A.硬毫（兔毫、狼毫）；B.软毫（羊毫、鸡毫）；C.兼毫（就是以硬毫为柱、软毫为被，如"七紫三羊""五紫五羊"以及"白云"笔等）。

以笔锋长短可分为：A.长锋；B.中锋；C.短锋。

以笔锋大小可分为大、中、小三种。再大一些还有揸笔、联笔、屏笔。

毛笔质量的优与劣，主要看笔锋，以达到"尖、齐、圆、健"四个条件为优。尖：指毛有锋，合之如锥。齐：指毛纯，笔锋的锋尖打开后呈齐头扁刷状。圆：指笔头呈正圆锥形，不偏不斜。健：指笔心有柱，顿按提收时毛的弹性好。

初学者选择毛笔，一般以字的大小来选择笔锋大小。选笔时应以杆正而不歪斜为佳。

一支毛笔如保护得法，可以延长它的寿命，保护毛笔应注意：用笔时将笔头完全泡开，用完后洗净，笔尖向下悬挂。

墨：墨从品种来看，可分为两大类，即油烟墨和松烟墨。

油烟墨是用油烧烟（主要是桐油、麻油或猪油等），再加入胶料、麝香、冰片等制成。

松烟墨是用松树枝烧烟，再配以胶料、香料而成。

油烟墨质纯，有光泽，适合绘画；松烟墨色深重，无光泽，适合写字。对于初学者来说，一般的书写训练，用市场上的一般墨就可以了。书写时，如果感到墨汁稠而胶重，拖不开笔，可加点水调和，但不能直接往墨汁瓶里加水，否则墨汁会发臭。每次练完字后，把剩余墨洗掉并且将砚台（或碟子）洗净。

纸：主要的书画用纸是宣纸。宣纸又分生宣和熟宣两种。生宣吸水性强，受墨容易渗化，适宜书写毛笔字和画中国写意画；熟宣是生宣加矾制成，质硬而不易吸水，适宜写小楷和画工笔画。

宣纸书写效果虽好，但价格较贵，一般书写作品时才用。

初学毛笔字，最好用发黄的毛边纸或旧报纸，因这两种纸性能和宣纸差不多，长期使用这两种纸练字，再用宣纸书写，容易掌握宣纸的性能。

砚：砚是磨墨和盛墨的器具。砚既有实用价值，又有艺术价值和文物价值，一块好的石砚，在书家眼里被视为珍物。米芾因爱砚癫狂而闻名于世。

初学者练毛笔字最方便的是用一个小碟子。

练写毛笔字时，除笔、墨、纸、砚（或碟子）以外，还需有笔架、毡子等工具。每次练习完以后，将笔、砚（或碟子）洗干净，把笔锋收拢还原放在笔架上吊起来。

2. 写字姿势

正确的写字姿势不仅有益于身体健康，而且为学好书法提供基础。其要点归纳为八个字：头正、身直、臂开、足安。（如图①）

头正：头要端正，眼睛与纸保持一尺左右距离。

身直：身要正直端坐、直腰平肩。上身略向前倾，胸部与桌沿保持一拳左右距离。

臂开：右手执笔，左手按纸，两臂自然向左右撑开，两肩平而放松。

足安：两脚自然安稳地分开踏在地面上，与两肩同宽，不能交叉，不要叠放，如图①。

写较大的字，要站起来写，站写时，应做到头俯、腰直、臂张、足稳。

头俯：头端正略向前俯。

腰直：上身略向前倾时，腰板要注意挺直。

臂张：右手悬肘书写，左手要按住纸面，按稳进行书写。

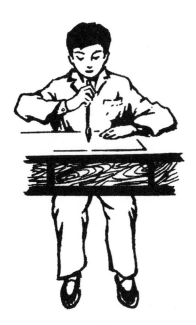

图①

足稳：两脚自然分开与臂同宽，把全身气息集中在毫端。

3. 执笔方法

要写好毛笔字，必须掌握正确的执笔方法，古来书家的执笔方法是多种多样的，一般认为较正确的执笔方法是唐代陆希声所传的五指执笔法。

撅：大拇指的指肚（最前端）紧贴笔杆。

押：食指与大拇指相对夹持笔杆。

钩：中指第一、第二两节弯曲如钩地钩住笔杆。

格：无名指用甲肉之际抵着笔杆。

抵：小指紧贴住无名指。

书写时注意要做到"指实、掌虚、管直、腕平"。

指实：五个手指都起到执笔作用。

掌虚：手指前面紧贴笔杆，后面远离掌心，使掌心中间空虚，可伸入一个手指，小指、无名指不可碰到掌心。

管直：笔管要与纸面基本保持垂直（但运笔时，笔管与纸面是不可能永远保持垂直的，可根据点画书写笔势而随时稍微倾斜一些）。（如图②）

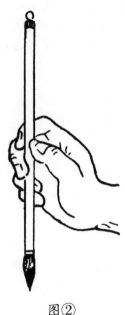

图②

腕平：手掌竖得起，腕就平了。

一般写字时，腕悬离纸面才好灵活运转。执笔的高低根据书写字的大小决定，写小楷字执笔稍低，写中、大楷字执笔略高一些，写行、草执笔更高一点。

毛笔的笔头从根部到锋尖可分三部分，即笔根、笔肚、笔尖。（如图③）运笔时，用笔尖部位着纸用墨，这样有力度感。如果下按过重，压过笔肚，甚至笔根，笔头就失去弹力，笔锋提按转折也不听使唤，达不到书写效果。

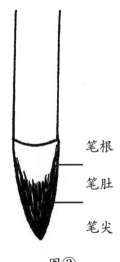

笔根
笔肚
笔尖

图③

4. 基本笔法

想要学好书法，用笔是关键。

每一点画，不论何种字体，都分起笔（落笔）、行笔、收笔三个部分。（如图④）用笔的关键是"提按"二字。

提：将笔锋提至锋尖抵纸乃至离纸，以调整中锋。（如图⑤）按：铺毫行笔。初学者如果对转弯处提笔掌握不好，可干脆将锋尖完全提出纸面，断成两笔来写，逐步增强提按意识。

笔法有方笔、圆笔两种，也可方圆兼用。书写一般运用藏锋、逆锋、露锋，中锋、侧锋、转锋、回锋，提、按、顿、驻、挫、折、

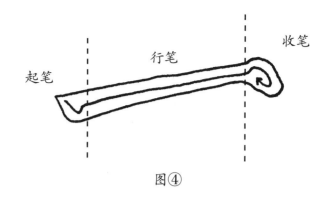

图④

转等不同处理技法方可写出不同形态的笔画。

藏锋：指笔画起笔和收笔处锋尖不外露，藏在笔画之内。

逆锋：指落笔时，先向与行笔相反的方向逆行，然后再往回行笔，有"欲右先左，欲下先上"之说。

露锋：指笔画中的笔锋外露。

中锋：指在行笔时笔锋始终是在笔道中间行走，而且锋尖的指向和笔画的走向相反。

侧锋：指笔画在起、行、收运笔过程中，笔锋在笔画一侧运行。但如果锋尖完全偏在笔画的边缘上，这叫"偏锋"，是一种病笔，不能使用。

转锋：指运笔过程中，笔锋方向渐渐改变，行笔的线路为圆转。

回锋：指在笔画收笔时，笔锋向相反的方向空收。

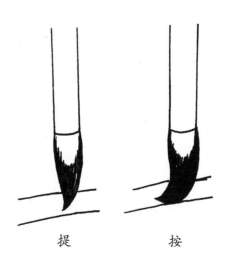

提　　　　　按

图⑤

第 3 章

点画笔法分析

第一节　基本点画的写法

1.横法

顺锋或逆锋起笔，折锋后向下稍顿，提笔中锋向右行笔，转锋上仰稍驻，提笔向右下稍按后向左回锋收笔。

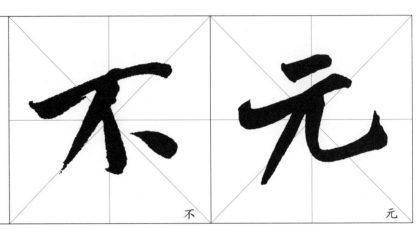

不　　　元

2.竖法

顺锋或逆锋起笔，折锋向右稍顿，调整笔锋，中锋向下行笔，边提边向下出锋收笔，或回锋收笔。

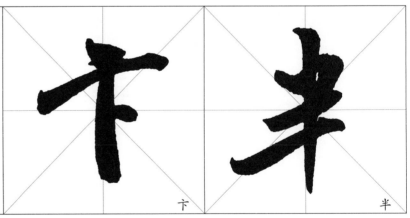

下　　　半

3.撇法

逆锋起笔，折笔向右下稍顿，转锋向左下方边提边出锋收笔，或回锋收笔。

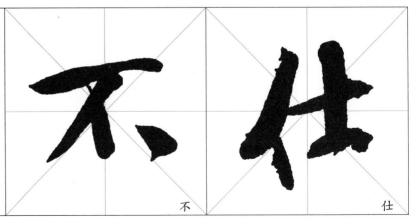

不　　　仕

4. 捺法

顺锋或逆锋起笔，折锋向右下行，边行边按至捺脚顿笔，边提边出锋。

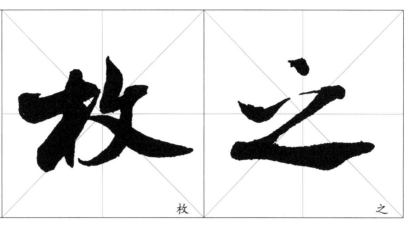

枚　之

5. 点法

顺锋起笔，折锋向右下按笔，转锋向左下回收。

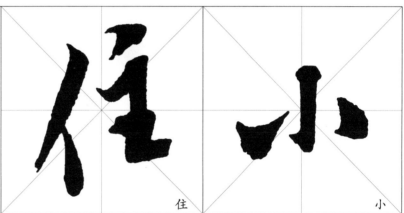

住　小

6. 挑法

逆锋或顺锋起笔，向右下按，转锋向右上行笔，边提边出锋收笔。

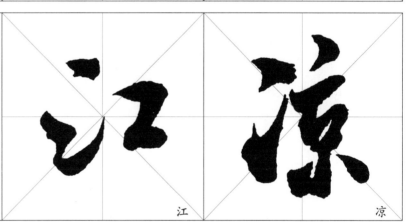

江　凉

7. 钩法

钩是附在长画后面的笔画，方向变化较多。现以竖钩为例说明钩的写法。逆锋起笔，折锋右按，调整笔锋向下，中锋行笔，至钩处顿笔，稍驻蓄势，转笔向左钩出。

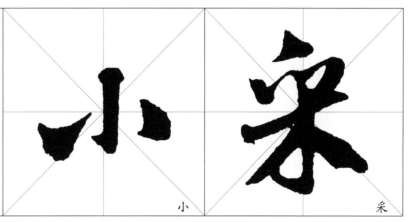

小　采

8. 折法

折是改变笔法走向的笔画，如横折、竖折、撇折等，现以横折为例说明其写法。起笔同横，行笔至转向处顿笔折锋显露方角，提笔中锋下行，回锋收笔。或行到转向处提笔转锋，显为圆转之角再下行收笔。

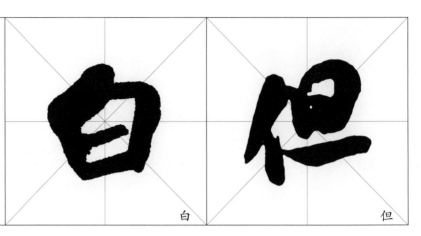

白　　但

第二节　基本点画的形态变化

一、横的变化

1. 长横

逆锋向左上角起笔，转笔向左下作顿，落笔较重，提笔中锋右行，至尾处提笔向右上昂，按笔向右下稍顿，向左回锋收笔，或带出下一笔。

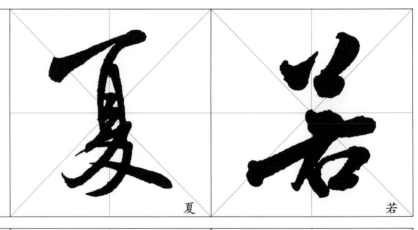

夏　　若

2. 短横

短横写法与长横相同，只是短些。或顺锋轻入，几近于点。

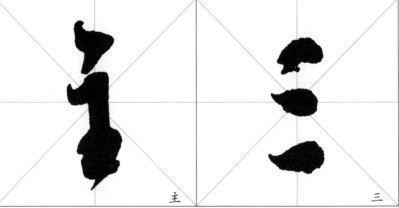

主　　三

3. 左尖横

顺锋起笔,提笔右行,至尽处折锋向右下稍顿,向左回锋收笔,或带出下一笔。

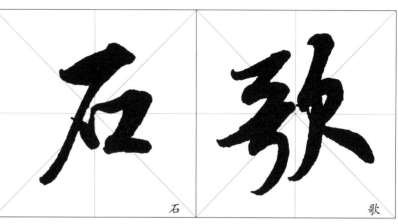

石　　歌

4. 圆头横

裹锋逆入起笔,向左下稍顿或按,转锋提笔中锋右行,收笔和长横相同。

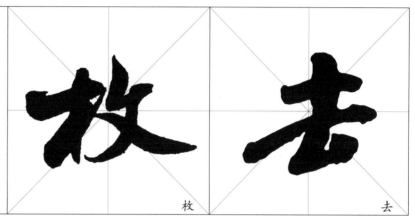

枚　　去

二、竖的变化

1. 悬针竖

顺锋或逆锋起笔,折锋右顿,调整笔锋向下,中锋行笔,边提边向下出锋收笔。

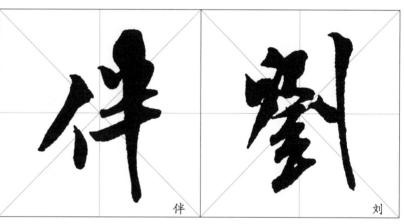

伴　　刘

2. 垂露竖

起笔和中间运笔同悬针竖写法,只是收笔须稍顿,提笔转锋向左上回收。

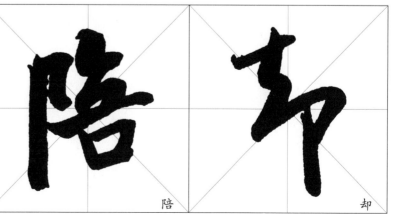

陪　　却

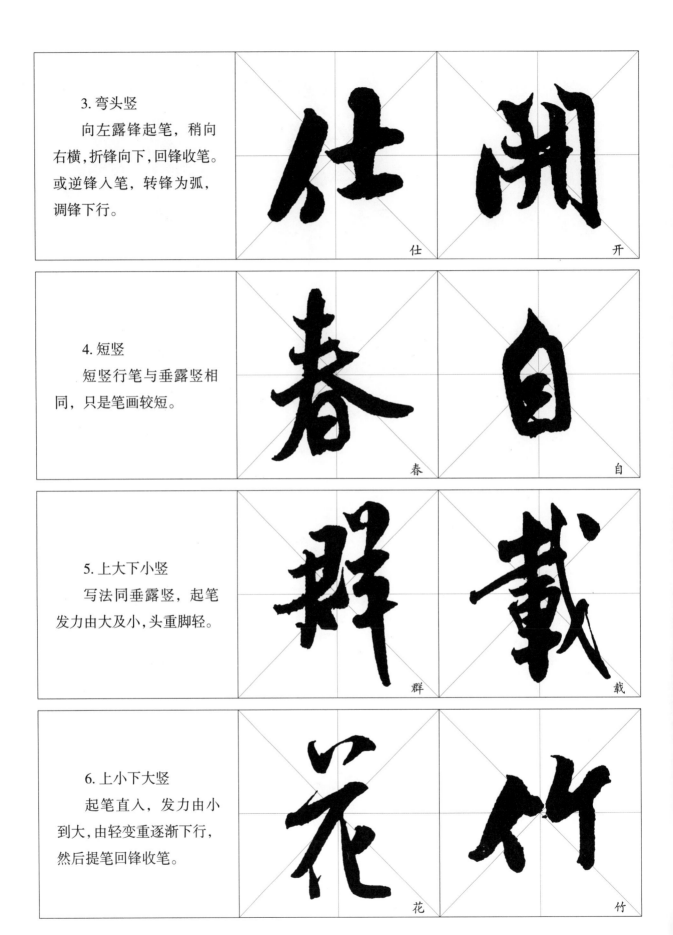

3. 弯头竖

　　向左露锋起笔，稍向右横，折锋向下，回锋收笔。或逆锋入笔，转锋为弧，调锋下行。

仕

开

4. 短竖

　　短竖行笔与垂露竖相同，只是笔画较短。

春

自

5. 上大下小竖

　　写法同垂露竖，起笔发力由大及小，头重脚轻。

群

载

6. 上小下大竖

　　起笔直入，发力由小到大，由轻变重逐渐下行，然后提笔回锋收笔。

花

竹

7. 左突竖

　　起笔或藏或露，行笔到中间向左边微突出，然后回锋收笔。

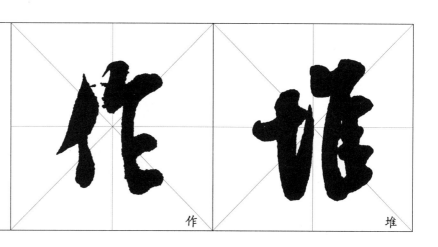

作　　　　堆

三、撇的变化

1. 长撇

　　逆锋起笔，折锋向右下顿笔，转锋向左下边行边提笔，提笔和运笔稍慢，收笔出锋稍快，或回锋收笔。

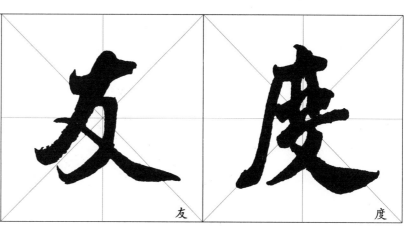

友　　　　度

2. 短撇

　　露锋或藏锋入笔，向左下边行边收，笔画较短。

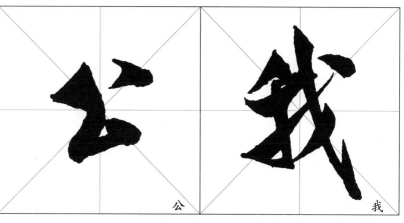

公　　　　我

3. 竖撇

　　竖和撇结合，前面部分稍竖，后面才向左下撇出。

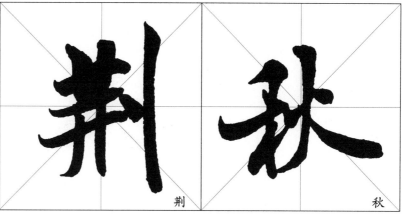

荆　　　　秋

4.平撇

　　用笔方法同长撇，只是角度较平，笔画较短。

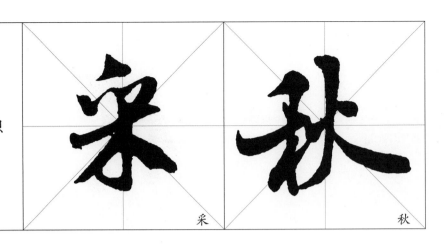

采　　秋

四、捺的变化

1.长捺

　　顺锋起笔，向右下行笔，边行边按，至捺脚顿笔，提笔调锋向右出锋或回锋收笔。

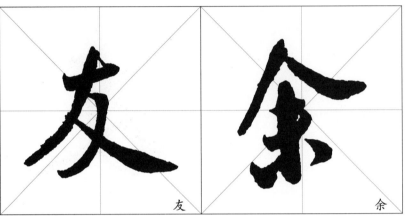

友　　余

2.平捺

　　逆锋起笔，折锋向右下行笔，边行边按，至捺脚顿笔蓄势，调锋向右捺出，边提边出锋。整个笔画呈S形，像水波浪似的一波三折。

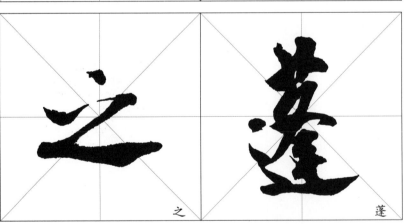

之　　蓬

3.反捺

　　顺锋起笔，边行边按，至尽处向右下顿笔，回锋向左上收笔。

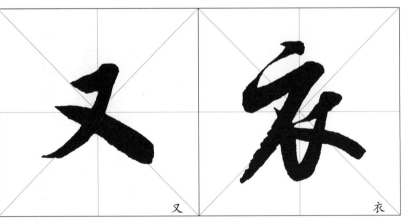

又　　衣

五、点的变化

1. 直点
　　顺锋或逆锋起笔，向右平出，稍顿，折锋向下行笔，回锋收笔。

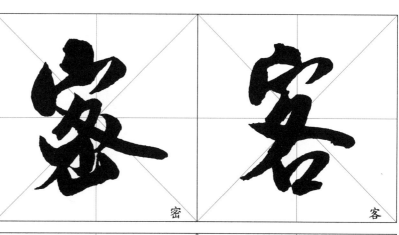
密　　　客

2. 尖头左点
　　顺锋起笔，向左下行笔，顿笔蓄势，回锋向右上收笔。

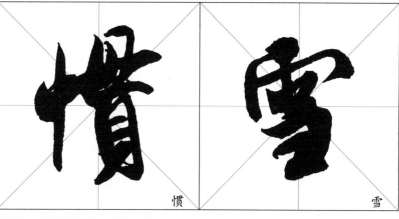
惯　　　雪

3. 尖头右点
　　顺锋起笔，向右下行笔，顿笔，回锋收笔。

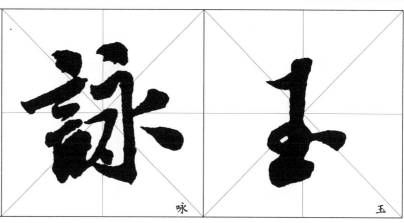
咏　　　玉

4. 挑点
　　逆锋起笔，折锋向右下按笔，调锋向右上挑出收笔。

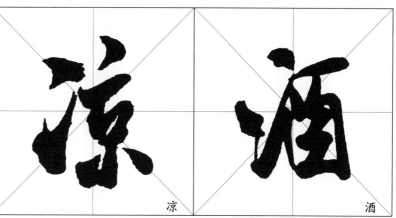
凉　　　酒

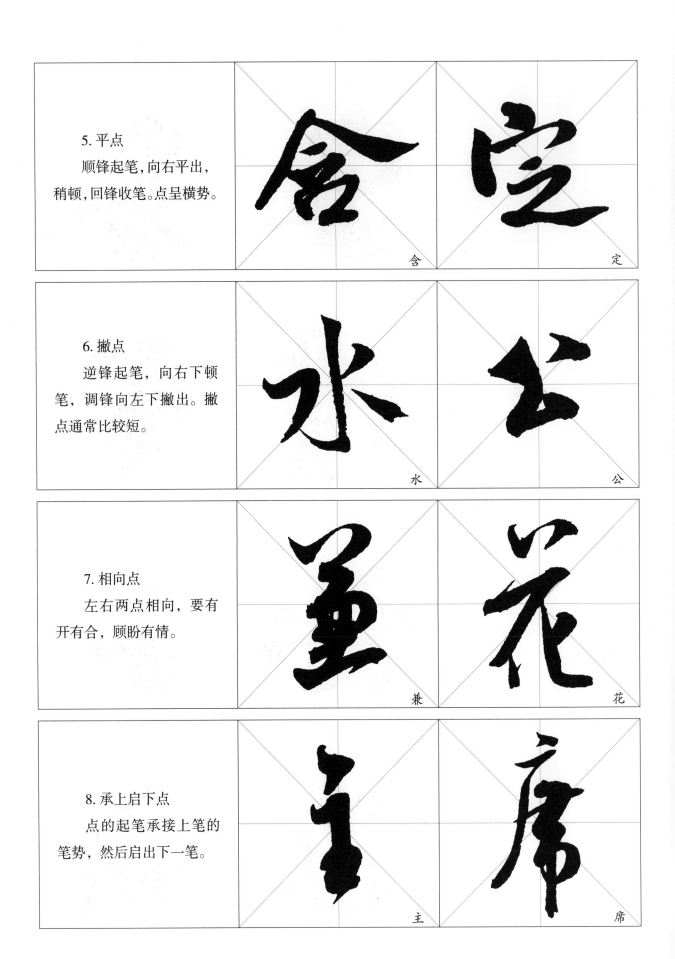

5. 平点
　　顺锋起笔，向右平出，稍顿，回锋收笔。点呈横势。

含　　　　定

6. 撇点
　　逆锋起笔，向右下顿笔，调锋向左下撇出。撇点通常比较短。

水　　　　公

7. 相向点
　　左右两点相向，要有开有合，顾盼有情。

兼　　　　花

8. 承上启下点
　　点的起笔承接上笔的笔势，然后启出下一笔。

主　　　　席

9. 相背点

左边的点向左下走，右边是尖头右点，向右下走。

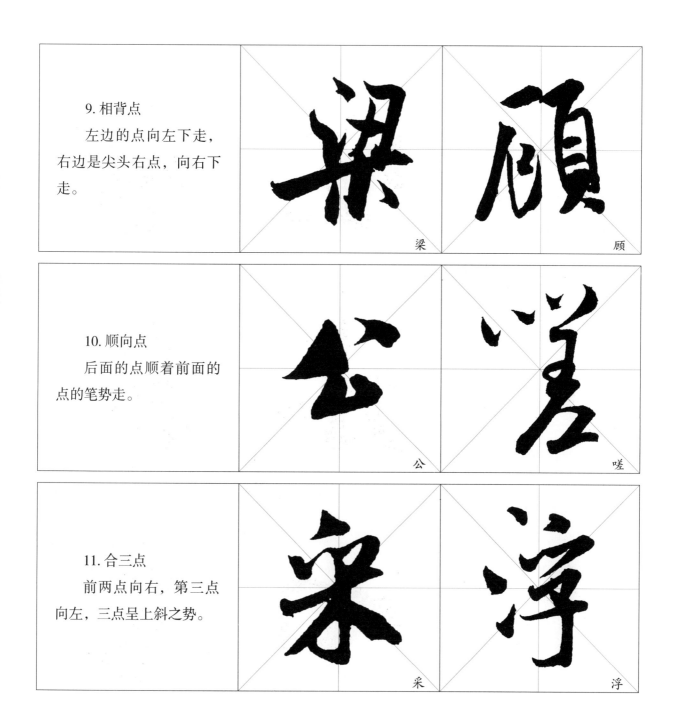

梁

顾

10. 顺向点

后面的点顺着前面的点的笔势走。

公

嗟

11. 合三点

前两点向右，第三点向左，三点呈上斜之势。

采

浮

六、钩的变化

1. 横钩

　　露锋或逆锋起笔，同横画的写法，至钩处提笔向右下作顿，稍驻蓄势，调锋向左下钩出。

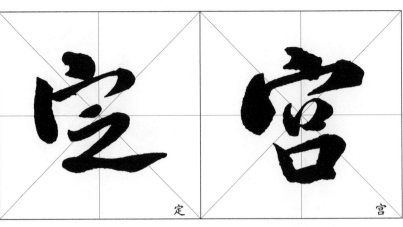

定　　宫

2. 竖钩

　　顺锋或逆锋起笔，至钩处作围，调锋蓄势向左上钩出。

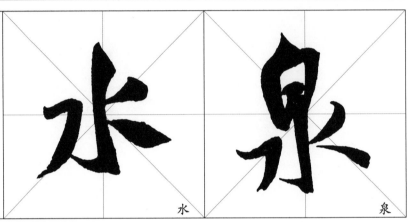

水　　泉

3. 横折钩

　　起笔同横，至折处稍顿，转锋或折锋向下行，至钩处调锋蓄势向左上钩出。

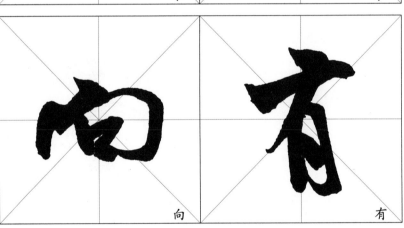

向　　有

4. 斜钩

　　侧锋或逆锋起笔，折锋向右按笔，提笔转锋向右下行笔，至钩处稍顿蓄势，调锋向上钩出，或作减钩处理。

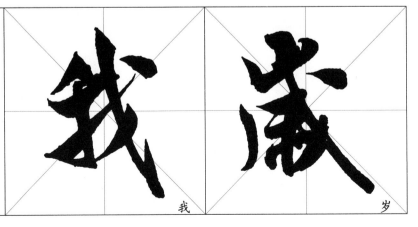

我　　岁

5. 卧钩

顺锋起笔,向右下行笔,边行边按,略带弧势,至钩处稍驻蓄势向中心钩出。

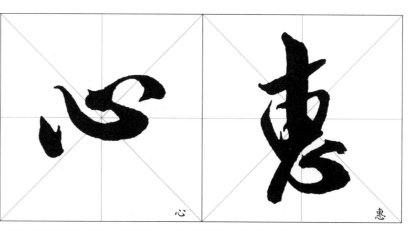

6. 耳钩

顺锋起笔,向右上行笔至折处,向右下顿笔,调整笔锋向左下行笔,边提边行,至折处,调锋向左上钩出。

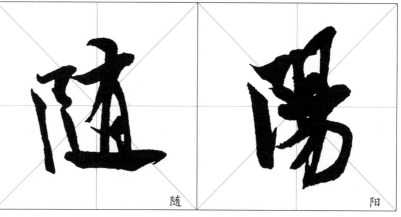

7. 弯钩

顺锋起笔,向右下稍作弧势运笔,边按边行,至钩处调锋钩出或带出下一笔。

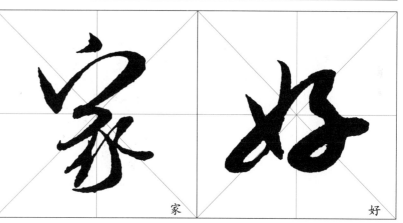

8. 横折弯钩

逆锋或顺锋起笔同横,至折处稍提顿笔,折锋向右下行笔,腰部凹进,呈弧势,至钩处稍驻蓄势向上钩出。

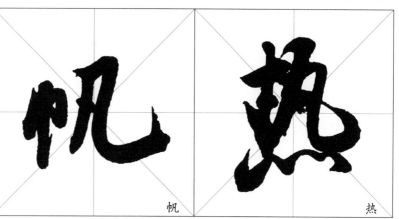

七、挑的变化

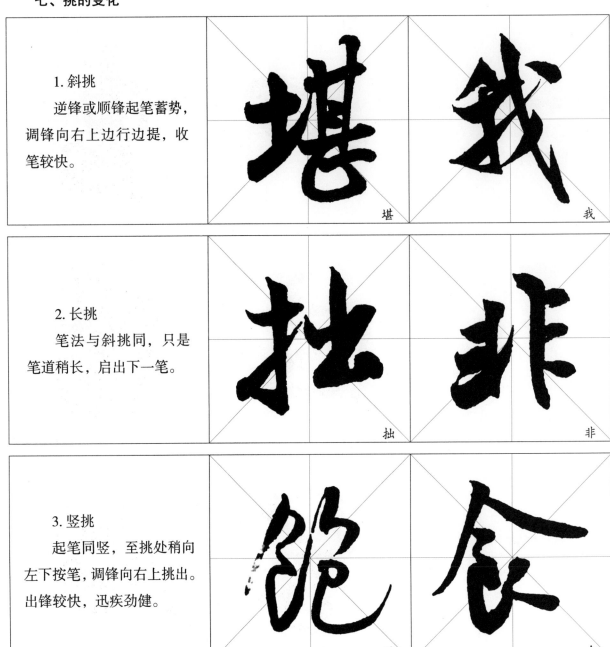

1. 斜挑
逆锋或顺锋起笔蓄势，调锋向右上边行边提，收笔较快。

堪　我

2. 长挑
笔法与斜挑同，只是笔道稍长，启出下一笔。

拙　非

3. 竖挑
起笔同竖，至挑处稍向左下按笔，调锋向右上挑出。出锋较快，迅疾劲健。

饱　食

八、折的变化

1. 横折 藏锋或露锋起笔，至折处稍驻，顿笔或转笔，调锋向下行笔。	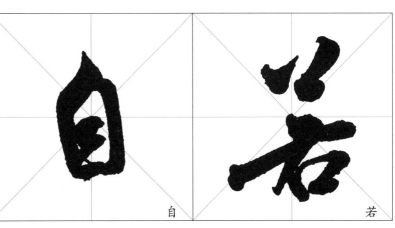 自　　　　　　若
2. 竖折 顺锋起笔，至折处稍向左下按笔，提笔调锋向右中锋行笔。	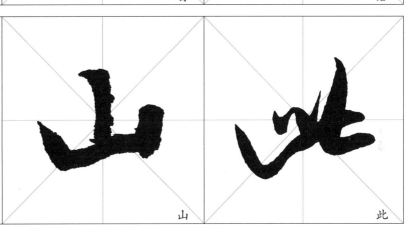 山　　　　　　此
3. 撇点 逆锋起笔，顿笔调锋向左下边行边提，至折处边按边向右下行笔，回锋收笔。过转折处宜轻，收笔处较重。	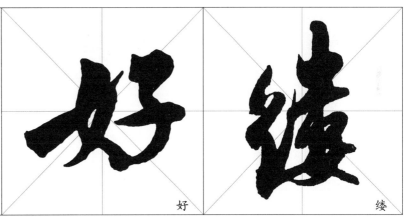 好　　　　　　缕
4. 撇折 起笔同撇，至折处按笔向右平挑而出，出锋稍快，夹角较小。	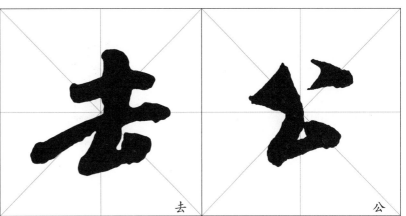 去　　　　　　公

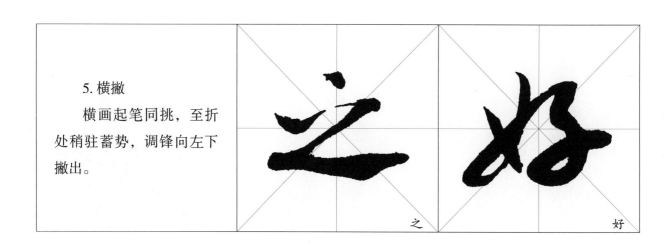

5. 横撇

横画起笔同挑,至折处稍驻蓄势,调锋向左下撇出。

之

好

第三节　基本点画的组合变化

一、横与横的组合变化

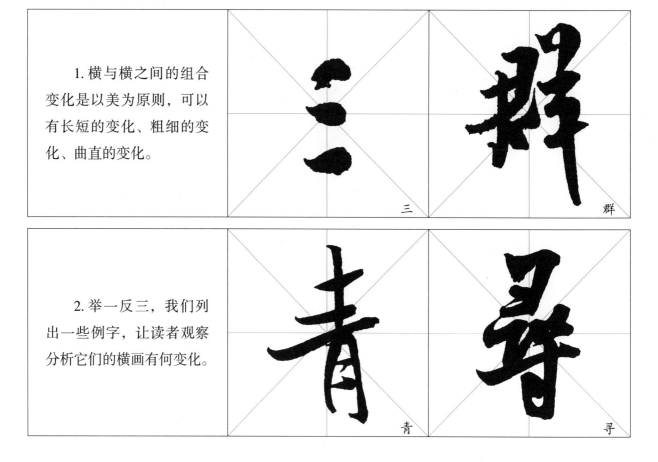

1. 横与横之间的组合变化是以美为原则,可以有长短的变化、粗细的变化、曲直的变化。

三

群

2. 举一反三,我们列出一些例字,让读者观察分析它们的横画有何变化。

青

寻

二、竖与竖的组合变化

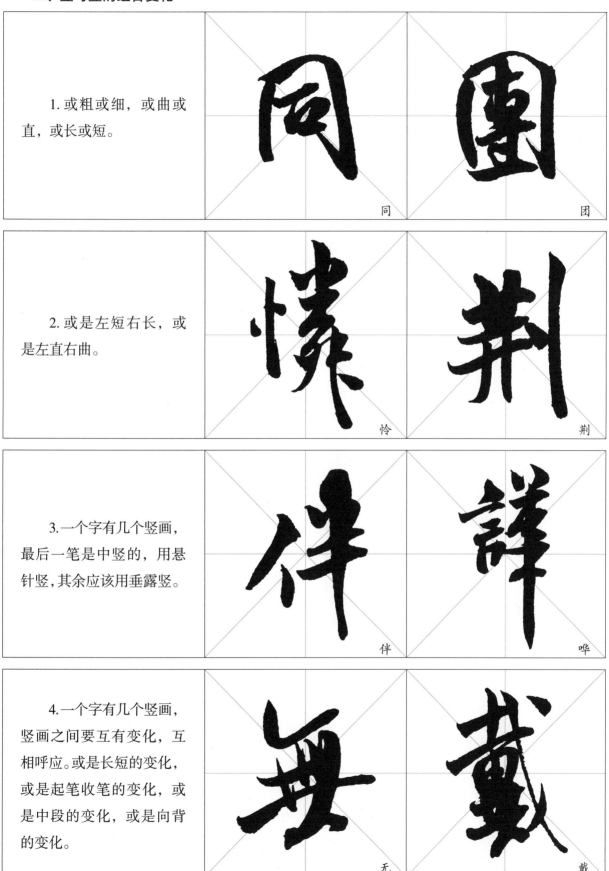

1.或粗或细，或曲或直，或长或短。

同

团

2.或是左短右长，或是左直右曲。

怜

荆

3.一个字有几个竖画，最后一笔是中竖的，用悬针竖，其余应该用垂露竖。

伴

哗

4.一个字有几个竖画，竖画之间要互有变化，互相呼应。或是长短的变化，或是起笔收笔的变化，或是中段的变化，或是向背的变化。

无

戴

三、撇与撇的组合变化

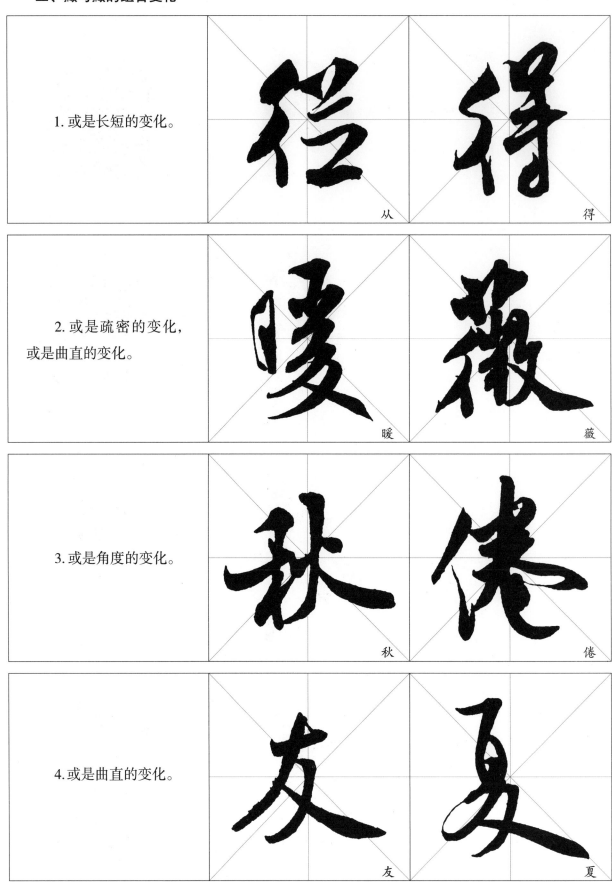

1. 或是长短的变化。		
	从	得
2. 或是疏密的变化，或是曲直的变化。	暖	薇
3. 或是角度的变化。	秋	倦
4. 或是曲直的变化。	友	夏

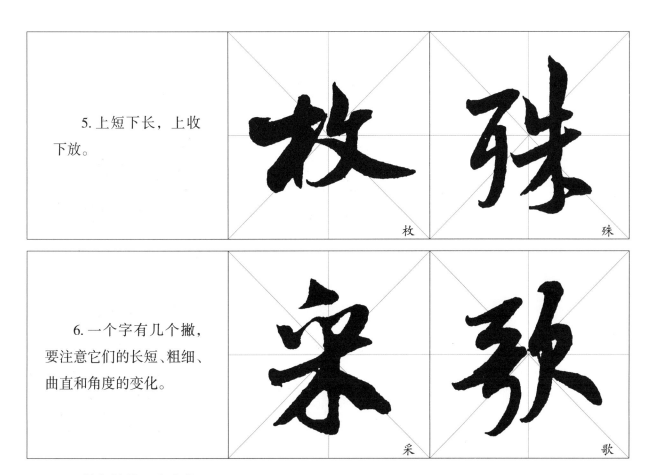

5. 上短下长，上收下放。

枚　　殊

6. 一个字有几个撇，要注意它们的长短、粗细、曲直和角度的变化。

采　　歌

四、捺与捺的组合变化

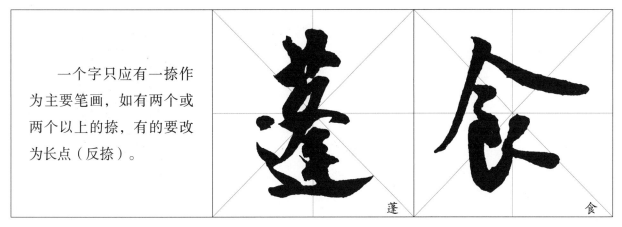

一个字只应有一捺作为主要笔画，如有两个或两个以上的捺，有的要改为长点（反捺）。

蓬　　食

五、点的组合变化及其特征

点的笔画虽小，但也不能小看它，点写好，有画龙点睛之妙，点写不好，则有佛头着粪之嫌，一粒老鼠屎弄坏一锅汤。点的变化主要是大小、轻重、粗细、快慢、顺逆、向背和角度的变化，仔细观察下列各字各点的位置和变化。

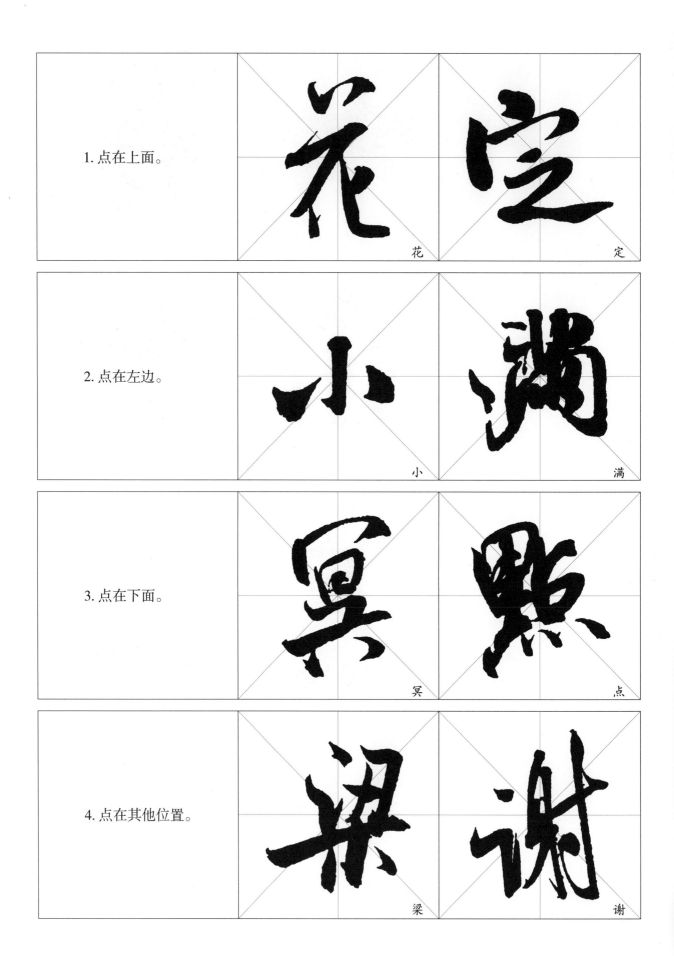

1. 点在上面。	花	定
2. 点在左边。	小	满
3. 点在下面。	冥	点
4. 点在其他位置。	梁	谢

5. 点在左边一般是顺锋起笔，点向左下，上小下大。

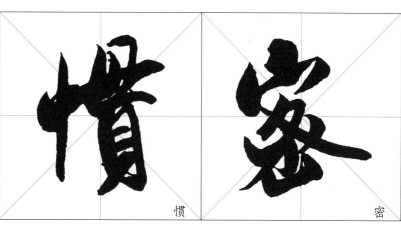

惯　密

6. 左右有点，左小右大，左低右高。

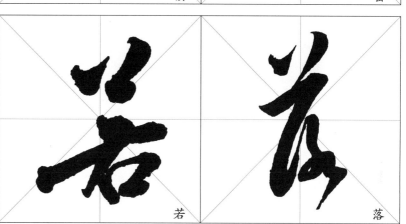

若　落

六、钩与钩的组合变化

1. 一个字上下都有钩时，要有变化，或上钩短、下钩长，或上钩长、下钩短。

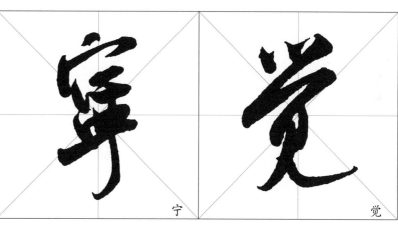

宁　觉

2. 左右都有钩时，左边的钩较小，右边的钩较大，以求变化。

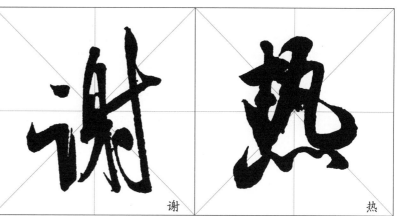

谢　热

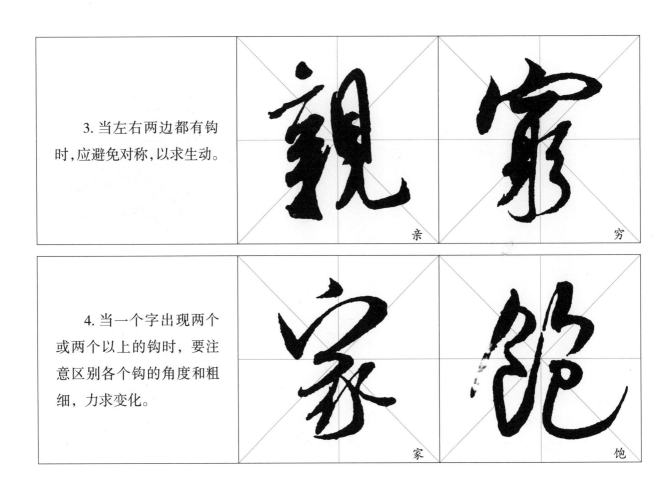

3.当左右两边都有钩时,应避免对称,以求生动。

亲

穷

4.当一个字出现两个或两个以上的钩时,要注意区别各个钩的角度和粗细,力求变化。

家

饱

第四节　复合点画

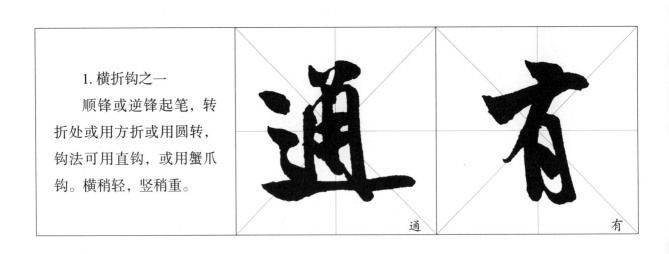

1.横折钩之一
顺锋或逆锋起笔,转折处或用方折或用圆转,钩法可用直钩,或用蟹爪钩。横稍轻,竖稍重。

通

有

2. 横折钩之二

藏锋或露锋起笔作横法，折法或方折或圆转，竖画行笔向左下收进，钩法可用直钩或用蟹爪钩。

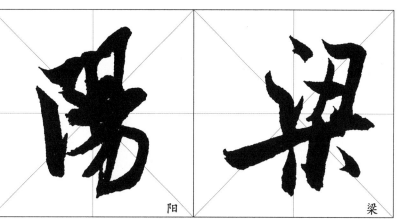

阳　梁

3. 横撇

横画顺锋起笔，过转折处稍驻蓄势，调锋向左下撇出。

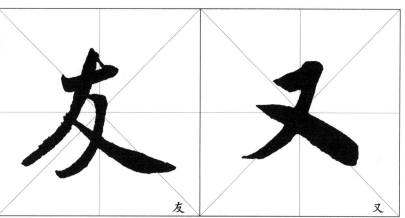

友　又

4. 横折折撇

由两个横撇组合而成，注意两者有大小、轻重的变化，或直化第一个横撇。

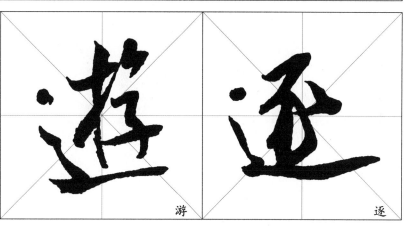

游　逐

5. 竖折折钩

起笔或顺或逆，两个折或连续过或断开过，用蟹爪钩收笔，或平推后收笔。

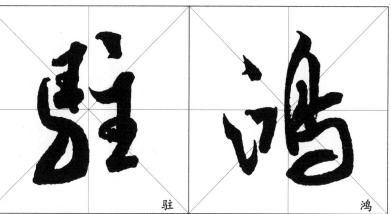

驻　鸿

第 4 章

偏旁部首分析

第一节　左偏旁的变化

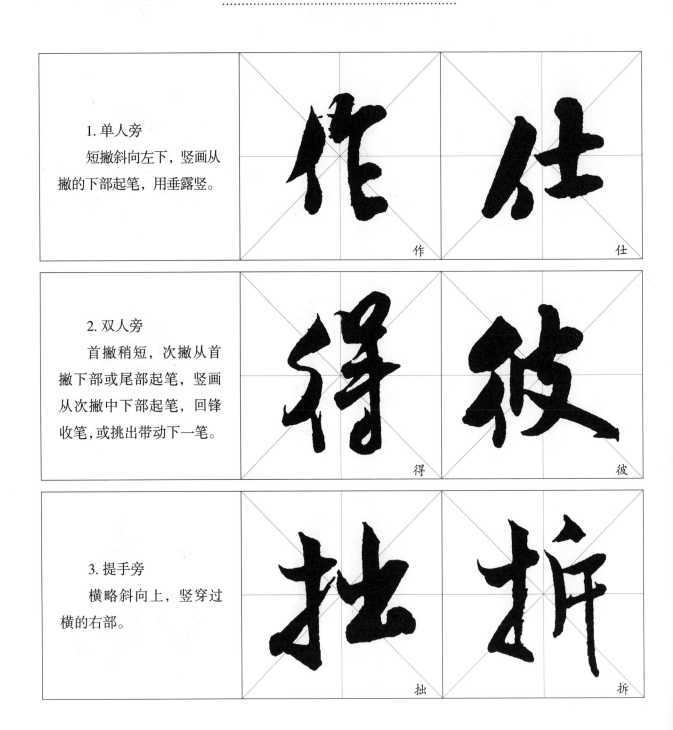

1. 单人旁
短撇斜向左下，竖画从撇的下部起笔，用垂露竖。

作　仕

2. 双人旁
首撇稍短，次撇从首撇下部或尾部起笔，竖画从次撇中下部起笔，回锋收笔，或挑出带动下一笔。

得　彼

3. 提手旁
横略斜向上，竖穿过横的右部。

拙　拆

28

4. 竖心旁

左点在竖的中部或中上部，右点稍靠上，两点相互呼应。

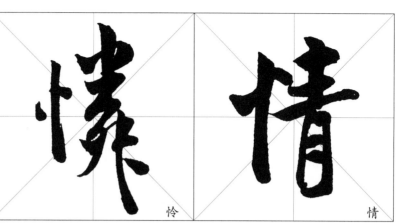

怜　情

5. 左耳旁

横画起笔后略上斜，折角上昂，撇钩稍短，钩向竖画的中上部，竖画用垂露竖。

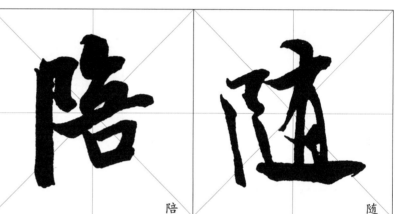

陪　随

6. 提土旁

短横上斜，竖穿横画右部，挑画与竖画连作一笔。

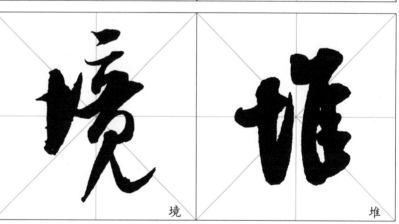

境　堆

7. 女字旁

撇点改作短斜竖，挑画左伸，挑的角度与下一笔有关。

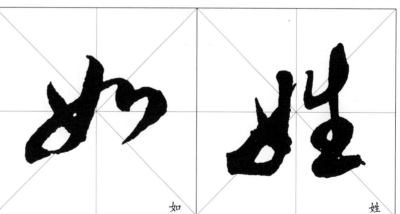

如　姓

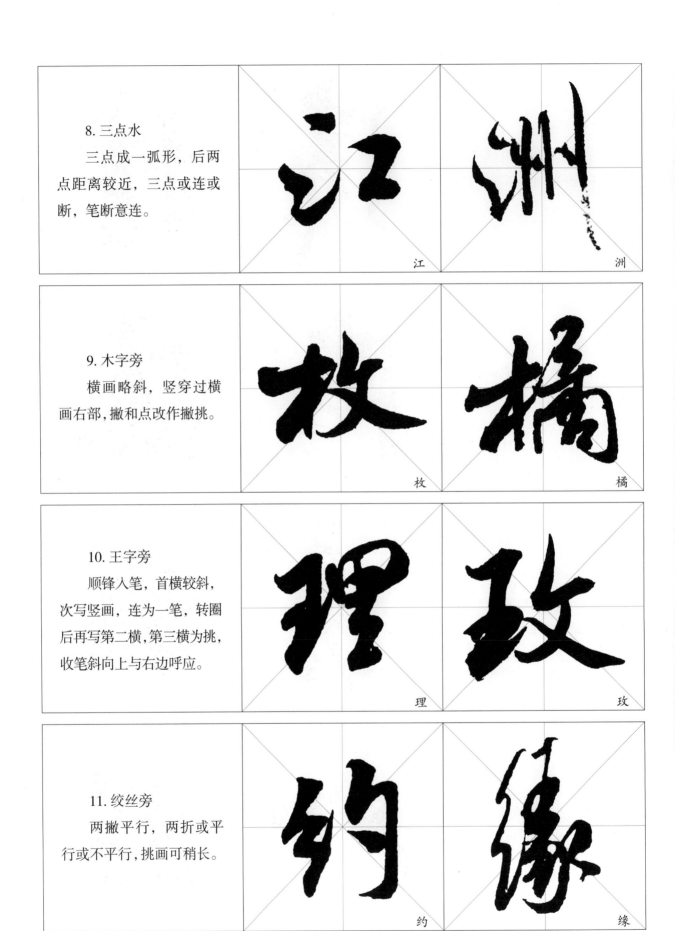

8. 三点水
　三点成一弧形，后两点距离较近，三点或连或断，笔断意连。

江　洲

9. 木字旁
　横画略斜，竖穿过横画右部，撇和点改作撇挑。

枚　橘

10. 王字旁
　顺锋入笔，首横较斜，次写竖画，连为一笔，转圈后再写第二横，第三横为挑，收笔斜向上与右边呼应。

理　玫

11. 绞丝旁
　两撇平行，两折或平行或不平行，挑画可稍长。

约　缘

12. 方字旁

点在横画右边，横画稍斜，横折改作弧钩，钩与上横起点呼应。

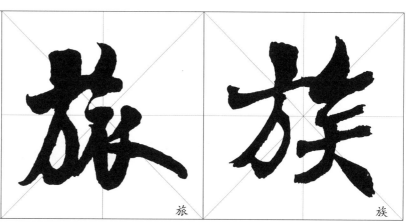

旅　族

13. 禾字旁

首撇宜平，竖穿横画的右部，撇点连作一笔穿过竖画变成撇挑。

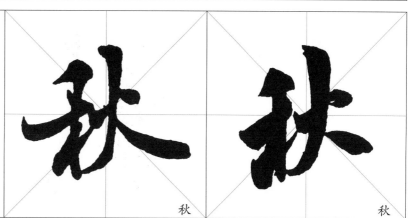

秋　秋

14. 言字旁

点居横右，几个横画连口部改作横折挑一笔完成，或改为多折挑。

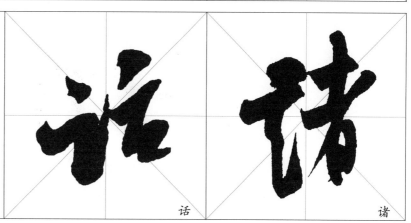

话　诸

15. 车字旁

顺锋起笔，横画较斜，"日"部或连写或断开，最后一横斜度加大与右部紧密呼应。

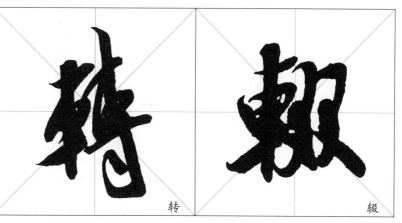

转　辍

第二节　右偏旁的变化

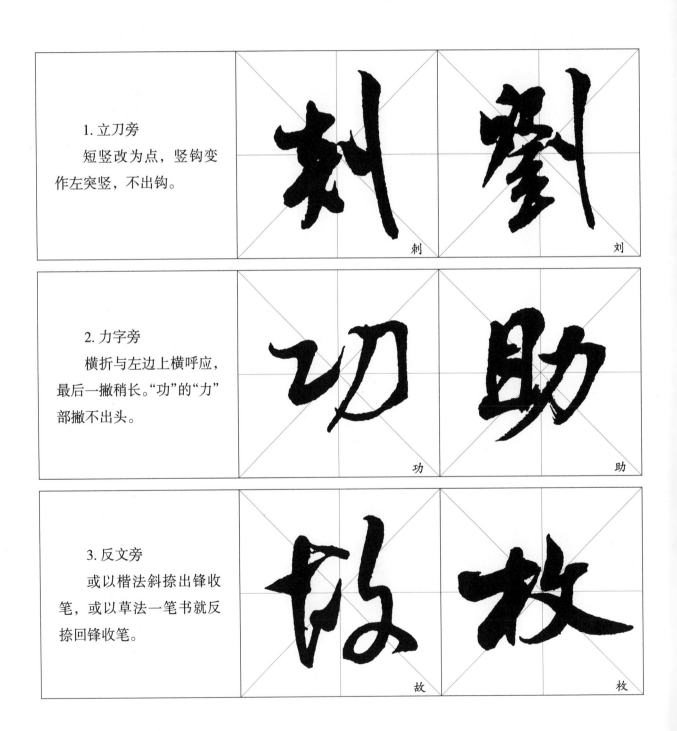

1. 立刀旁
短竖改为点，竖钩变作左突竖，不出钩。

刺

刘

2. 力字旁
横折与左边上横呼应，最后一撇稍长。"功"的"力"部撇不出头。

功

助

3. 反文旁
或以楷法斜捺出锋收笔，或以草法一笔书就反捺回锋收笔。

故

枚

4. 页字旁

横、撇、左竖连作一笔，短横或连或断，末两笔背中有向。

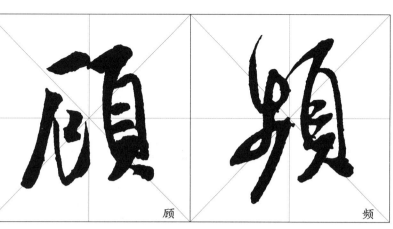

顾　频

5. 隹字旁

短撇斜向左下，左竖超出第四横，短撇与左竖连写，四横长短参差变化。

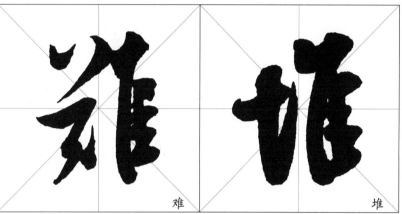

难　堆

6. 戈字旁

横画斜度较大，斜钩向右下伸长，撇补下空，点补上空。

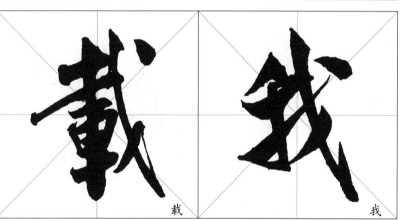

载　我

7. 寸字旁

横画上斜，竖穿横画右部，钩向左上，点补空当。

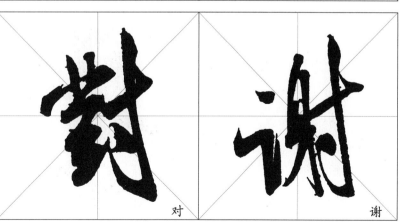

对　谢

第三节　字头的变化

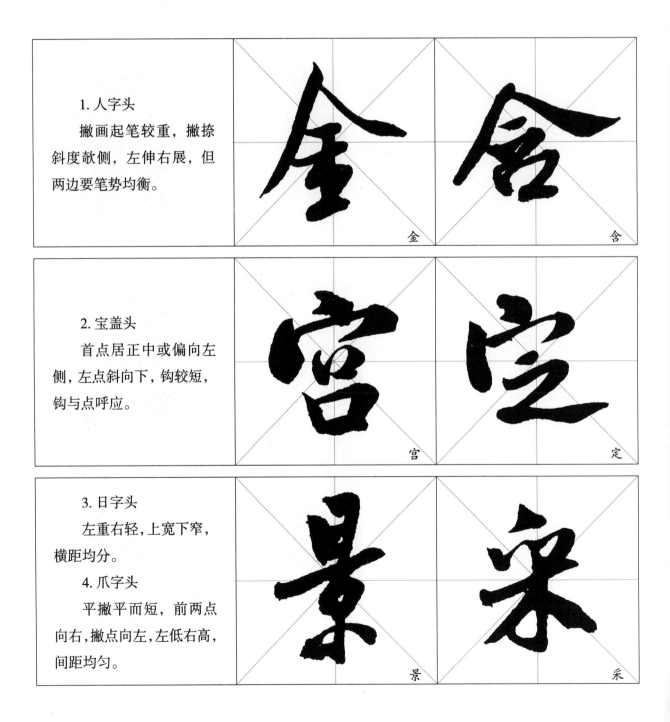

1. 人字头

撖画起笔较重，撇捺斜度欹侧，左伸右展，但两边要笔势均衡。

2. 宝盖头

首点居正中或偏向左侧，左点斜向下，钩较短，钩与点呼应。

3. 日字头

左重右轻，上宽下窄，横距均分。

4. 爪字头

平撇平而短，前两点向右，撇点向左，左低右高，间距均匀。

金　含　宫　定　景　采

5. 草字头

横画斜度较大，两短竖上开下合，或改作两点一横，两点上开下合，牵丝相连。

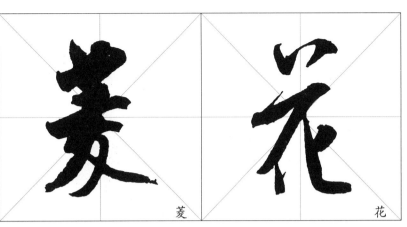

菱　花

6. 广字头

首点居中，横画略斜，撇从横画头部起笔，直伸左下角。或首点偏右，横撇连写，回锋收笔。

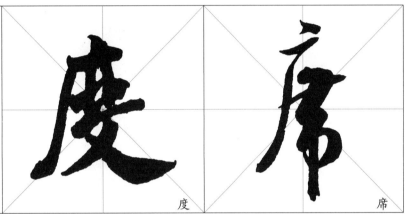

度　席

7. 春字头

横画略斜，三横间距相等，第三横不要太长，让撇捺伸长作主笔，撇捺左右欹侧伸展，相互呼应。

8. 斜刀头

顺锋起笔，两撇斜度相等，折处圆转。

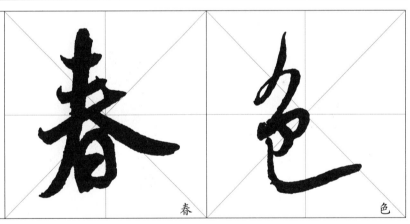

春　色

9. 尸字头

横短竖长，折后向下，两横平行，左撇宜长。

10. 羊字头

点撇相向，左低右高，连作一笔，横距相等，撇向左下伸展，捺用反捺。

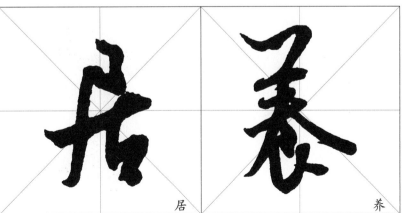

居　养

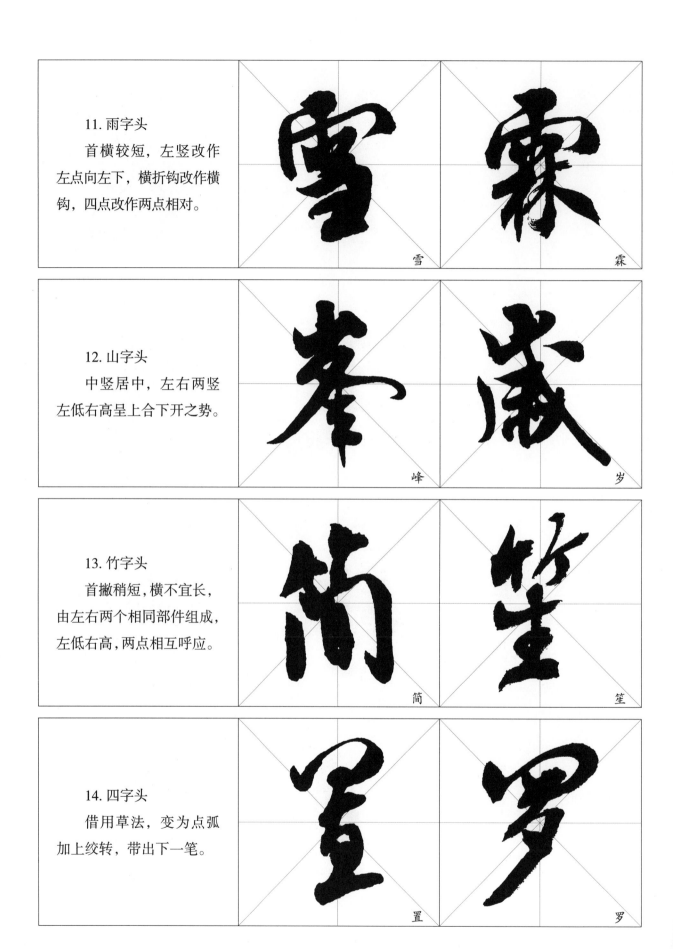

11. 雨字头

首横较短，左竖改作左点向左下，横折钩改作横钩，四点改作两点相对。

雪

霖

12. 山字头

中竖居中，左右两竖左低右高呈上合下开之势。

峰

岁

13. 竹字头

首撇稍短，横不宜长，由左右两个相同部件组成，左低右高，两点相互呼应。

简

笙

14. 四字头

借用草法，变为点弧加上绞转，带出下一笔。

置

罗

第四节　字底的变化

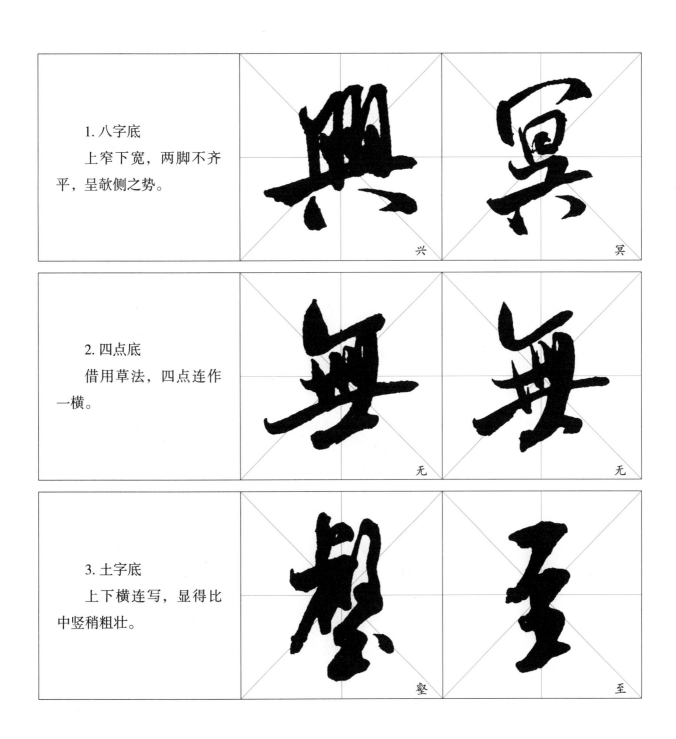

1. 八字底
   上窄下宽，两脚不齐
平，呈欹侧之势。

　　　　　　兴　　　　冥

2. 四点底
   借用草法，四点连作
一横。

　　　　　　无　　　　无

3. 土字底
   上下横连写，显得比
中竖稍粗壮。

　　　　　　壑　　　　至

4. 贝字底

字框窄长，两竖左短右长，四横间距不相等，两点双脚不齐平，呈欹侧之势。

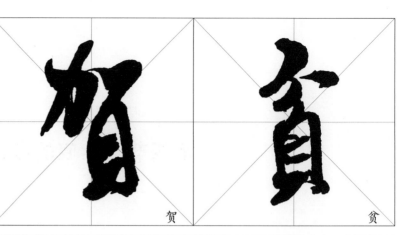

贺　贫

5. 心字底

左点顺锋起笔，卧钩钩向中心，挑点与右点连写。或借用草法以横三点代之。

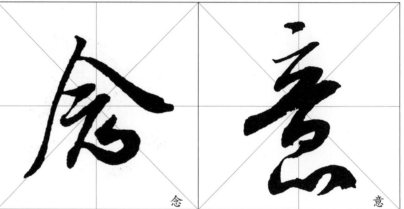

念　意

6. 皿字底

两肩平正，两侧内收，空当均匀，长横托底，左伸右缩。

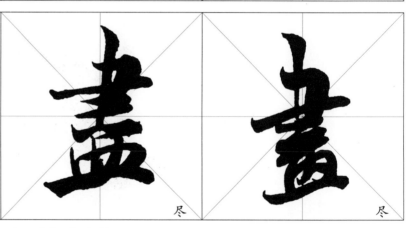

尽　尽

7. 走之底

点居折上，横折宜短，或横折改作斜短竖。

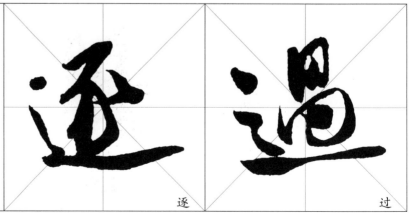

逐　过

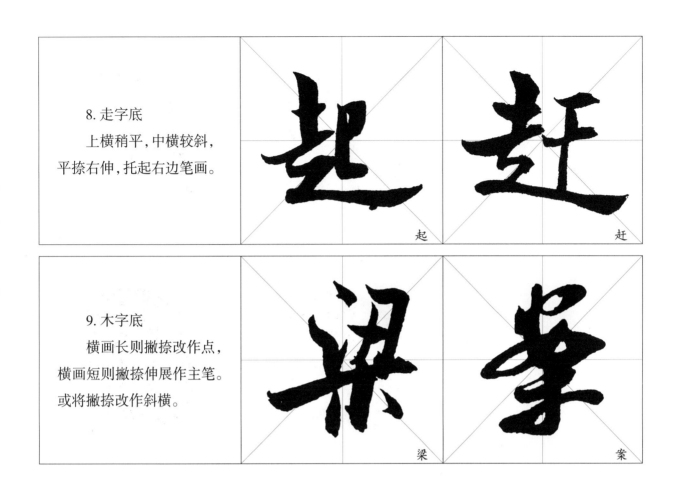

8. 走字底

上横稍平，中横较斜，平捺右伸，托起右边笔画。

起

赶

9. 木字底

横画长则撇捺改作点，横画短则撇捺伸展作主笔。或将撇捺改作斜横。

梁

案

第五节　字框的变化

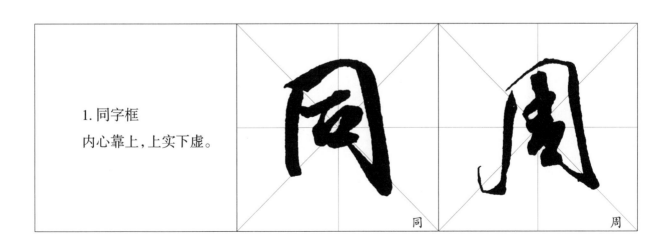

1. 同字框

内心靠上，上实下虚。

同

周

2. 门字框

竖画之间注意轻重粗细的变化，左竖短而粗，右竖长而细，下部适当留空透气。

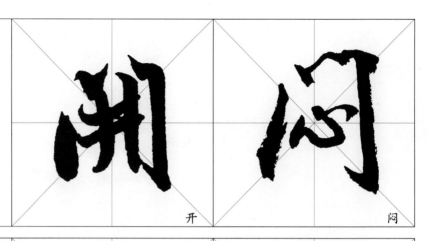

开

闷

3. 国字框

四角饱满，竖画左曲右直，左短右长，方框留气口，以求变化。

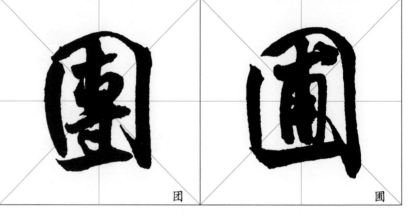

团

圃

第 5 章

结构分析

　　方块汉字从结构上可分为独体字和合体字两大类；从笔画多少来看，少则一画，多则三十几画；从形状来看，几乎所有的几何图形都有。不论是独体字，还是合体字，不管形状怎么样，笔画多少，结构繁简，一个字的各组成部分，都得容纳在同一方格内，因此，就有如何结构的问题。

　　历代的书法家对结构的研究做了许多努力，如欧阳询三十六法、李淳八十四法、黄自元九十二法。这些研究有合理可取之处，如黄自元九十二法的前面八十二种结构法可取，但他的第八十三法到第九十二法就不可取了。比如第九十法讲单人旁"单人旁字准此"，即单人旁的字照这样子写，其他也都用"准此"来搪塞，他是讲不出所以然来了。这些结构法还有一个明显的缺陷，那就是"只见树木，不见森林"，没能从根本上、从整体上去讲明汉字结构的关系。

　　要讲清楚根本关系，我们可以借鉴中华文化的经典著作《易经》和"太极图"来帮助理解。

　　《易经》说："太极生两仪，两仪生四象，四象生八卦。"《易经》的核心是运用一分为二、对立统一的宇宙观和辩证法来揭示宇宙间事物发展和变化的自然规律。它的内容非常丰富，对中国文化和世界科学有着重大而深远的影响。例如中医把人看作一个"太极"、一个整体，这个"太极"的两仪、阴阳要平衡，不平衡人就会生病。

　　回到书法上，我们把这个图看作一个字的整体，一个空间、一个方块，两仪就是黑与白、柔与刚、方与圆、逆和顺、藏和露、曲和直、粗和细……总而言之，即矛与盾。中间的

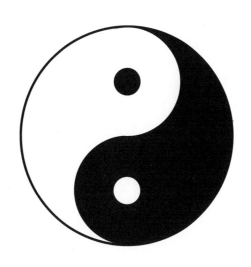

S形线表明阴阳可以变化，并且这种变化不是突变而是渐进的。"四象"即东南西北四个方位；"八卦"即"四象"再加上东南、西南、东北和西北四个方位成为八个方位，把这八个方位按不同的方法连起来，就有了田字格、米字格、九宫格，传统的练字方法不就是从这里来的吗？

在这个空间里，即在这个方格里写上笔画，这是黑，即是阴；没有写上笔画的地方，就是白，即是阳。根据太极图整体平衡的原理，黑白之间一定要疏密得当，和谐均衡，即每个字不管笔画多少、结构繁简，都容纳在同一方块之中，看上去没有过疏或过密的感觉。绘画上也有"知白守黑，计白当黑"的说法，其实这也是汉字结构的总原则。把握了这个原则，你就掌握了汉字结构和章法的真谛，你讲多少法就多少法，只要不违背这个原则就可以了。如果不把握这个原则，讲九十二法讲不清，再讲九万二十法也讲不清。为了记忆方便，我们可把它叫作"太极书法"。

用"太极书法"不仅可以分析结构，也可以分析章法（后面我们再讲）。

下面我们从结构形式、结构比例和结构布势三方面进一步论述。

第一节　结构形式

一、独体字

字的结构形式可分为独体字和合体字。

独体字是由基本笔画和复合笔画组成的不能再分开的字。它的形态多种多样，有正的，有斜的，有扁平的，也有瘦长的。书写独体字，可根据前述的"太极书法"来写，注意要重心平衡、疏密均衡。为了临习方便，下面介绍写法要点。

　　"三"写法要点：三横呈上小下大的稳定结构，横画之间距离上近下远，三横的起笔、运笔和收笔要有变化。

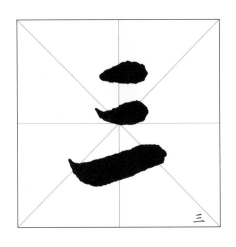

"不"写法要点：横竖构成一个T字形，竖画在横画的中点，横不平而竖也不正，构成欹侧之势，撇从横画的中部起笔，撇尾和右点的斜度平衡。

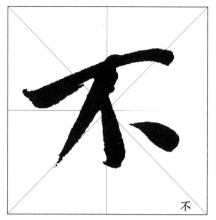

"之"写法要点：首点居中，横撇变成挑点和撇，写得夹角较小，最后一平捺托住上面笔画，一波三折而过。

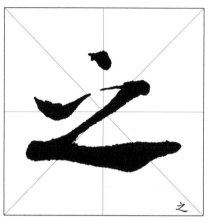

"又"写法要点：笔画虽少，但也不能小视，第一笔起笔同横，略斜向上，斜撇与反捺的交点在撇的中上部，上面开放的三角形才不会显得过大。反之，则黑白不和谐。

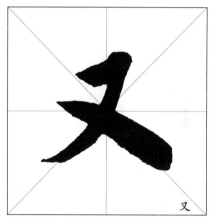

下面介绍几个斜体字，特别要注意重心平稳，斜中求正。

"戊"写法要点：斜钩作主笔，减钩，伸展奔放，其余笔画略收缩，主次分明。

"为"写法要点：点撇连写，三个横折中第二个最小，第三个最大，四点要偏上。

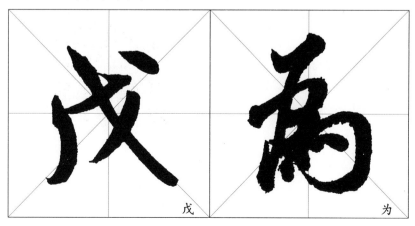

43

"成"写法要点：

左撇用蟹爪钩，横画较斜，斜钩作
主笔，减钩。

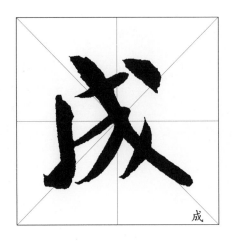

成

二、合体字

合体字是由两个或两个以上的独体字共同组合而构成的字，有的独体字就是它的偏旁部首。
有左右结构、左中右结构、上下结构、上中下结构、全包围结构和半包围结构。

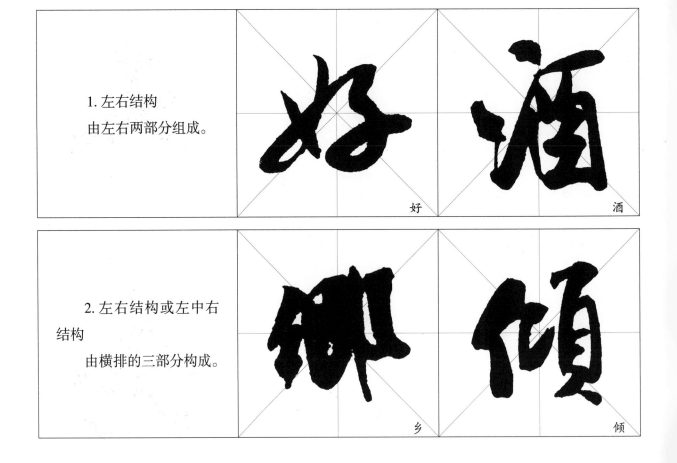

1.左右结构 由左右两部分组成。	好	酒
2.左右结构或左中右 结构 由横排的三部分构成。	乡	倾

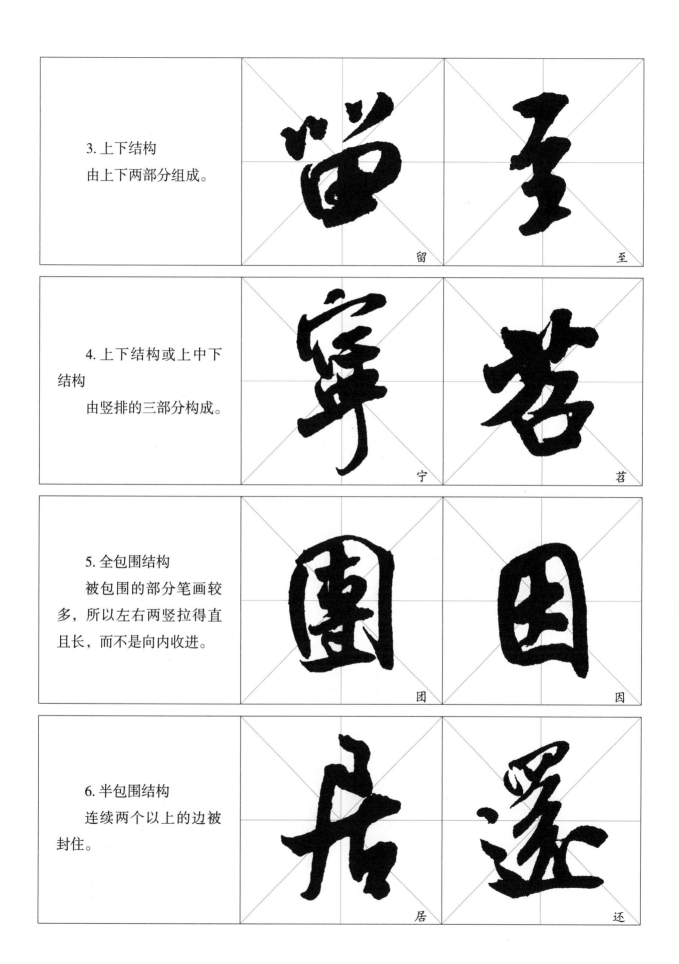

3. 上下结构
由上下两部分组成。

留

至

4. 上下结构或上中下
结构
由竖排的三部分构成。

宁

茗

5. 全包围结构
被包围的部分笔画较
多，所以左右两竖拉得直
且长，而不是向内收进。

团

因

6. 半包围结构
连续两个以上的边被
封住。

居

还

第二节　结构比例

一、左右结构搭配比例

1. 左右相等

　　左右两部分所占位置大致相等，书写时注意左右之间的搭配要和谐，不能拥挤，也不能太松散，约各占二分之一。

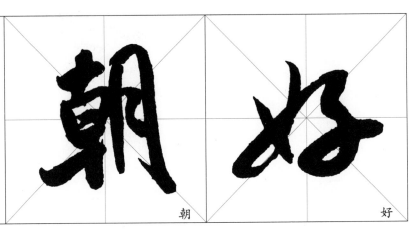

朝　　好

2. 左窄右宽

　　左边部分的笔画少于右边部分，左边所占位置一般为三分之一。

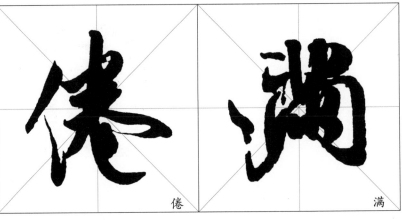

倦　　满

3. 左宽右窄

　　左边部分的笔画多于右边部分的笔画，左边占三分之二的位置比例。

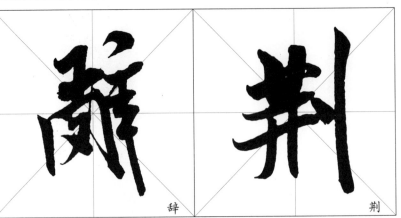

辞　　荆

4.由多部分组成的左右结构

由于其多部分横排，容易写宽，所以每部分都要适当写窄些，以免臃肿虚胖。

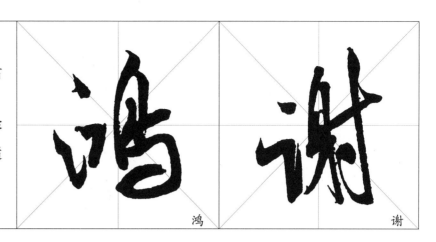

鸿　谢

二、上下结构搭配比例

1.上下大致相等

其比例约各占二分之一。

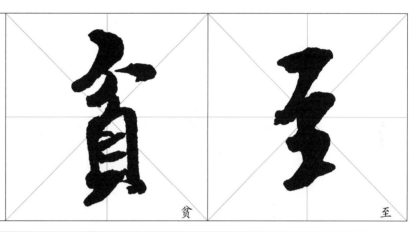

贫　至

2.上大下小

上占三分之二，下占三分之一。

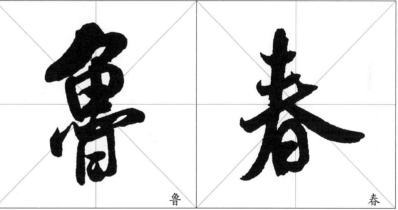

鲁　春

3.上小下大

上占三分之一，下占三分之二。

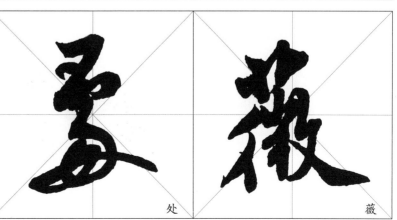

处　薇

4. 由多部分竖列组成的上下结构 由于其多部分竖列，一般容易写得瘦长，因而在书写时应当将各部适当压扁。	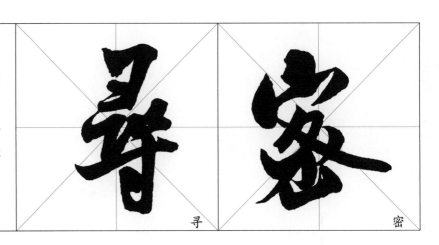 寻 密

第三节　结构布势

一、对称均衡，重心平稳

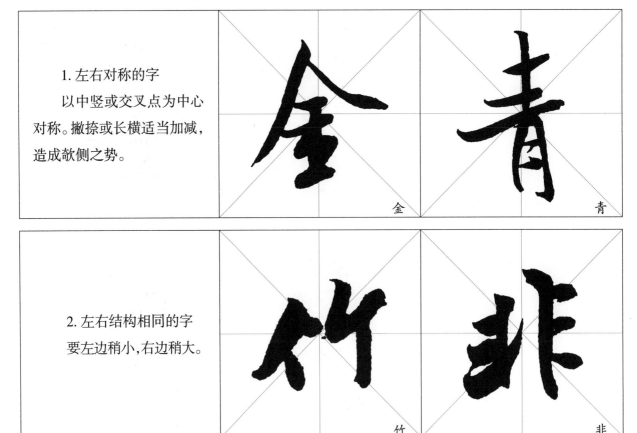

1. 左右对称的字 以中竖或交叉点为中心对称。撇捺或长横适当加减，造成欹侧之势。	金 青
2. 左右结构相同的字 要左边稍小，右边稍大。	竹 非

3. 上下结构相同的字要上小下大，上收下放。字的其中部分为上下结构相同的亦如此。	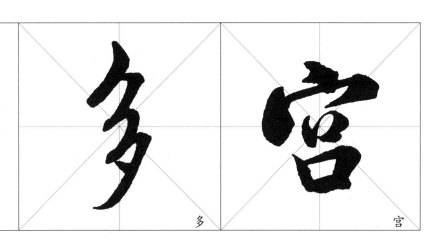

多　　宫

二、对比调和，朝揖相让

1. 两边相向的字左右要协调，向中有离势。	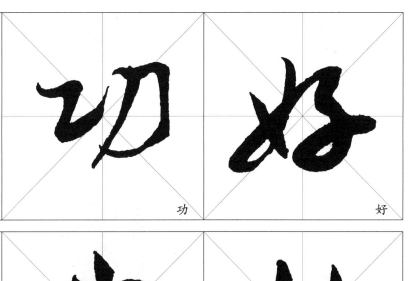

功　　好

2. 两边相背的字点画要呼应，背中有向意。	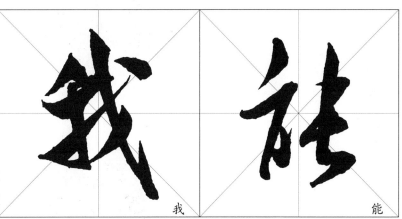

我　　能

三、同中有异，多样统一

同中有异、多样统一是客观事物本身所具有的特征，它使人感到既丰富又协调，既活泼又有序。我们这里讲汉字结构就是要注意笔画和偏旁的同中有异，多样统一，使笔画有长短、轻重、收放、大小之异，偏旁有主次、虚实、整齐参差之别，有时甚至是相同的字采取不同的写法。

1. 同画异势

点画所处的位置不同，其势也不同。

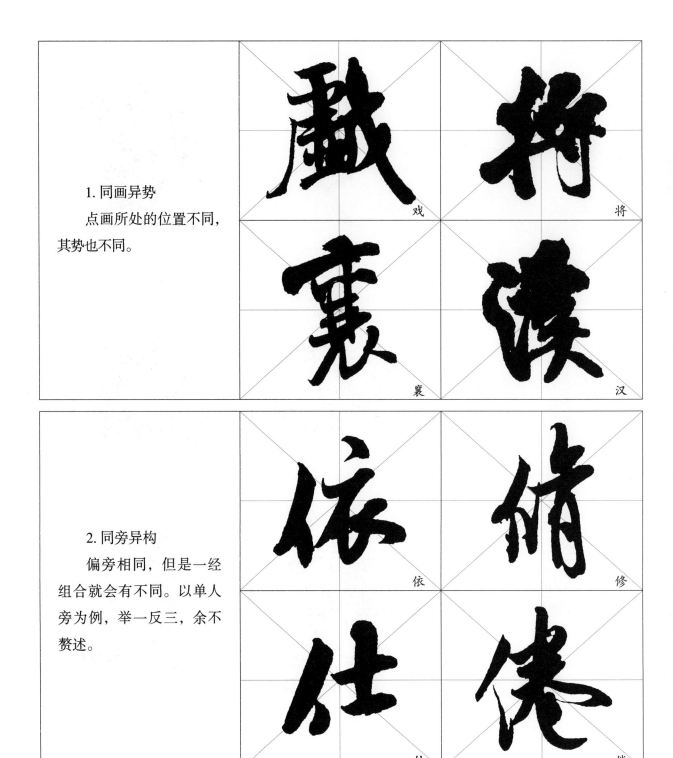

2. 同旁异构

偏旁相同，但是一经组合就会有不同。以单人旁为例，举一反三，余不赘述。

四、顺其自然，返璞归真

汉字的形体构造取法于自然界形象，千姿百态，各具面目，书写时要顺其自然，取其真态，返璞归真，因字立形。

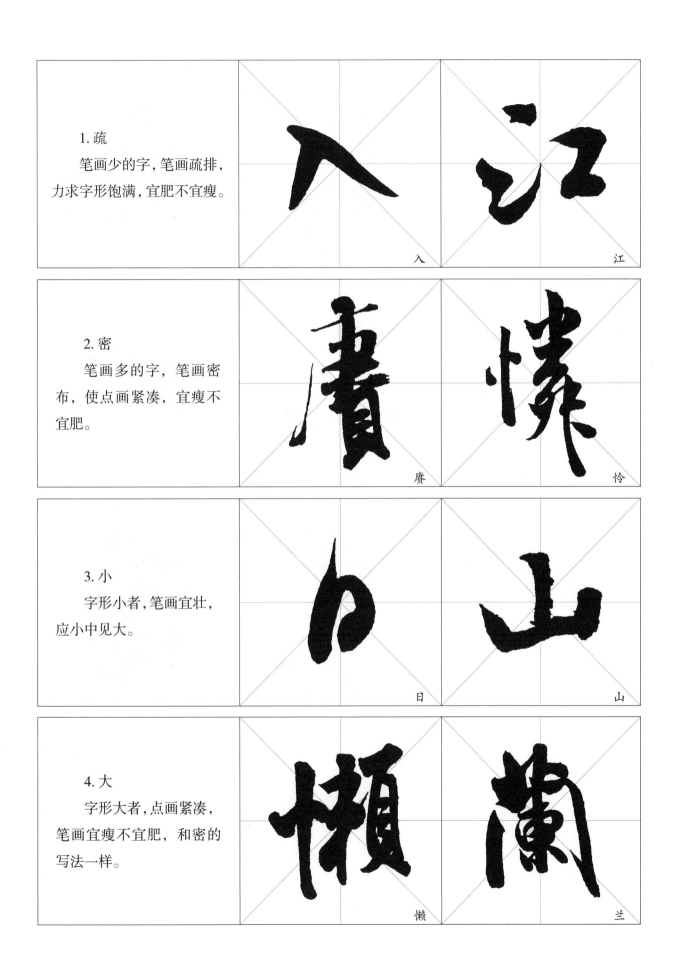

1. 疏
　笔画少的字，笔画疏排，力求字形饱满，宜肥不宜瘦。

入

江

2. 密
　笔画多的字，笔画密布，使点画紧凑，宜瘦不宜肥。

廥

怜

3. 小
　字形小者，笔画宜壮，应小中见大。

日

山

4. 大
　字形大者，点画紧凑，笔画宜瘦不宜肥，和密的写法一样。

懒

兰

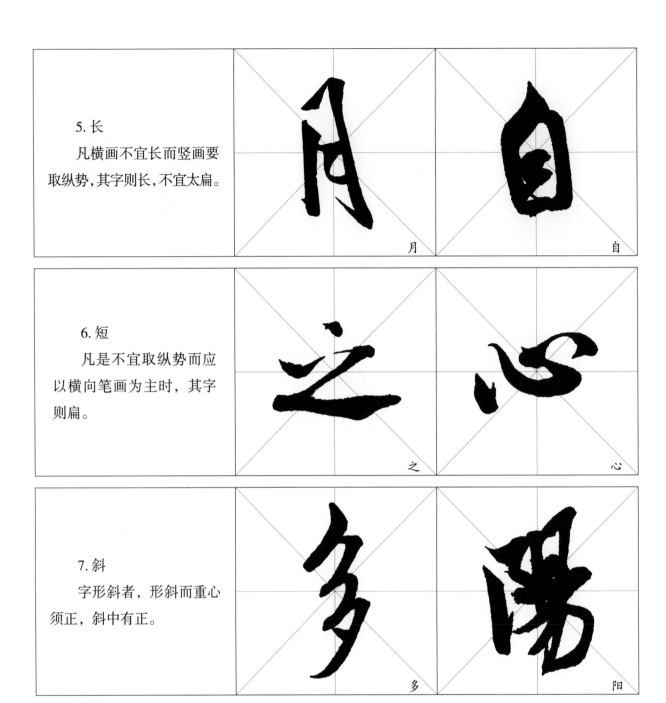

5. 长

凡横画不宜长而竖画要取纵势，其字则长，不宜太扁。

月　　自

6. 短

凡是不宜取纵势而应以横向笔画为主时，其字则扁。

之　　心

7. 斜

字形斜者，形斜而重心须正，斜中有正。

多　　阳

第 6 章

造字练习

每一个碑帖都不可能涵盖所有的汉字，凡临习碑帖，都有入帖和出帖的问题。入帖是指通过对某一家某一帖的临习，对其笔法、字法和章法都有比较深入的理解和把握，对其形质和神韵都能比较准确地领会，也就是说临习得很像了。如果说我们能用前面几章所学的知识和技法把原帖临习得很像了，不仅形似还有点神似了，那就算基本入帖了。出帖则是在入帖的基础上，将所学的知识和技法融会贯通，消化吸收，为我所用，这时候字的形态可能不是很像原帖，但是内在方面仍和原帖有着实际上的师承和亲缘关系，也就是遗貌取神——出帖了。对初学者来说，临习某家或某帖，要先入帖，然后才能谈出帖。入帖和出帖都需要一个过程，有时要反复交叉进行，才能既入得去又出得来。入帖是为了积累，出帖是为了创作。临帖只是量的积累，创作才是质的飞跃。如果说只靠前面几章所学的点画笔法、偏旁部首、间架结构来写，碰到原帖上没有的字仍然感到困惑，难以下笔，那么我们可以通过集字来"造"出所需要的新字。

集字是从临帖到创作之间的一座桥梁。集字是指根据所要书写的内容，有目的地收集某家或某帖的字，对于在原帖中无法集选的字，可以根据相关的用笔特点、偏旁部首、结构规则和相同风格进行组合整理，可运用加法增加一些笔画和部件，或者是运用减法减少一些笔画和部件，或者综合运用加减法后移位合并，使之既有原帖字的韵味，又是原帖上没有的字，这样"造"出我们所需要的新字，以便我们在进行创作的时候使用，这就是所谓的"造字练习法"。

下面我们根据原帖来做一些积累。

第一节 基本笔画加减法

一、基本笔画加法

贫＋又——叉　　用"贫"字的上点加上"又"字，得到"叉"字。

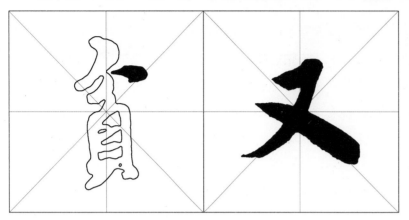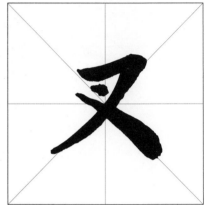

难＋水——冰（氷）　　用"难"字的点加上"水"字，得到"冰"字。

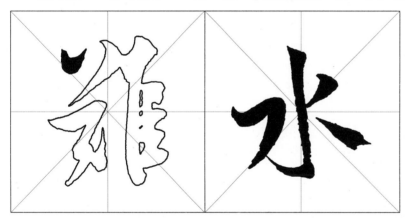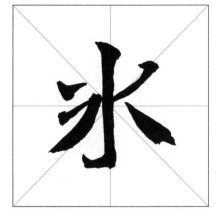

非＋句——旬　　用"非"字的末横加上"句"字，得到"旬"字。

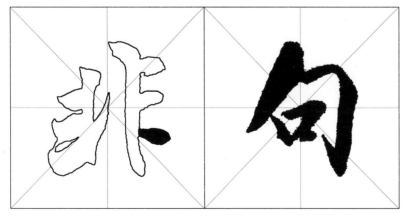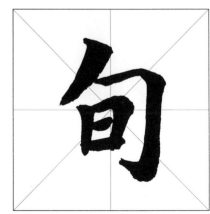

白+去——丢　　用"白"字的首撇加上"去"字，得到"丢"字。

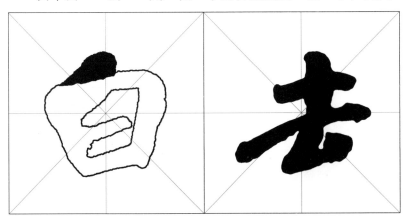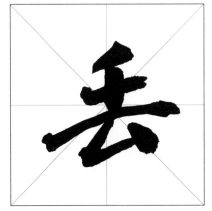

采+之——乏　　用"采"字的首撇加上"之"字，得到"乏"字。

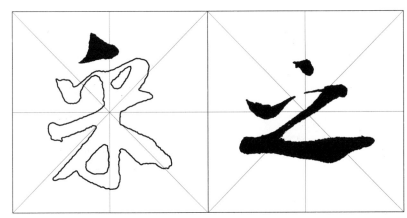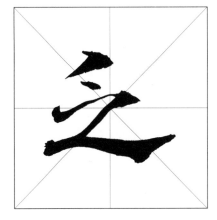

石——右　　"石"字撇出头，得到"右"字。

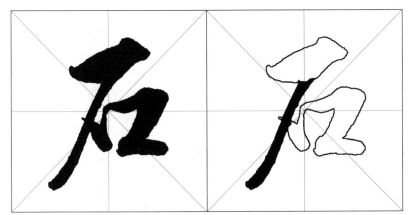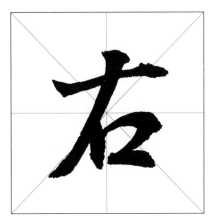

半+不——丕　　用"半"字下横加上"不"字，得到"丕"字。

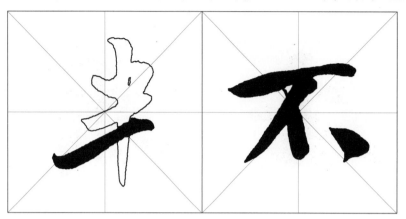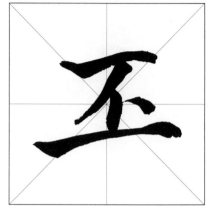

集+住——往　　用"集"字的首撇加上"住"字，得到"往"字。

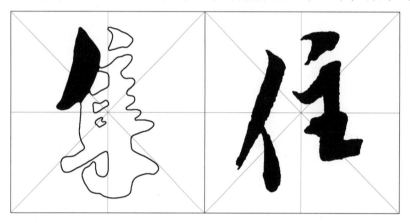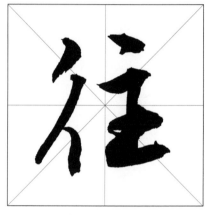

荆+三——丰　　用"荆"字的末竖加上"三"字，得到"丰"字。

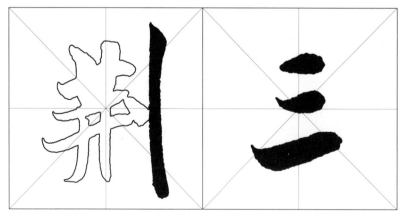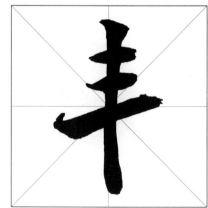

交+戌——戍　用"交"字的末点加上"戌"字，得到"戍"字。

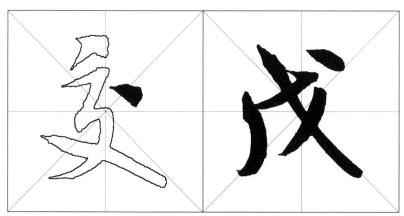
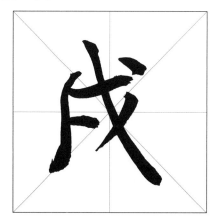

话+李——季　用"话"字之撇加上"李"字，得到"季"字。

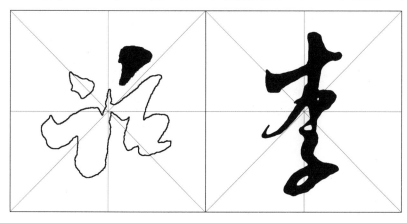
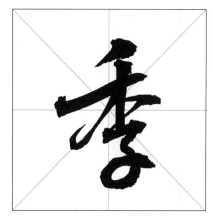

元——无　"元"字撇出头接首横，得到"无"字。

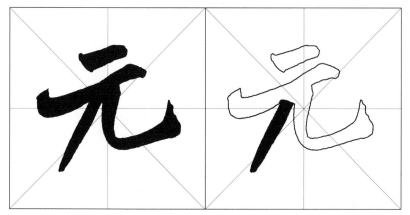
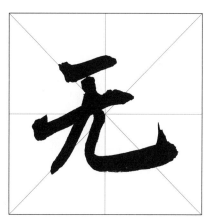

不+小——少　　用"不"字之撇加上"小"字，得到"少"字。

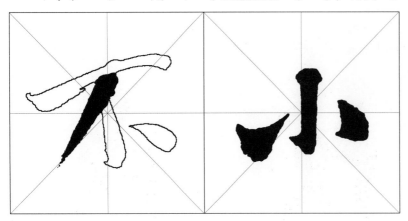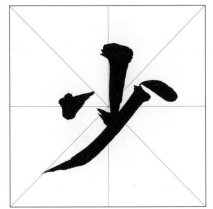

贫+故——敌　　用"贫"字首撇加上"故"字，得到"敌"字。

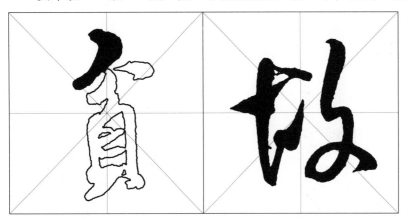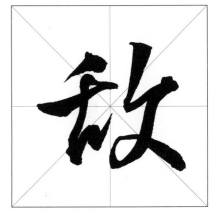

二、基本笔画减法

友——反
"友"字的撇不出头，
得到"反"字。

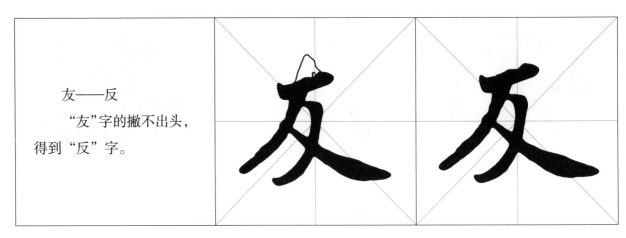

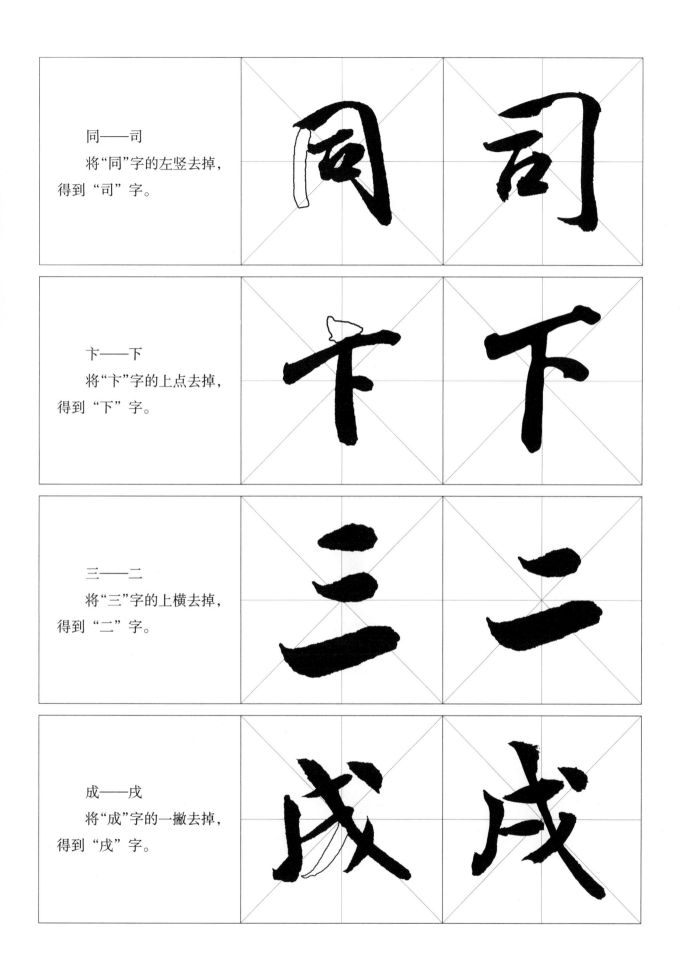

同——司
将"同"字的左竖去掉，得到"司"字。

卞——下
将"卞"字的上点去掉，得到"下"字。

三——二
将"三"字的上横去掉，得到"二"字。

成——戍
将"成"字的一撇去掉，得到"戍"字。

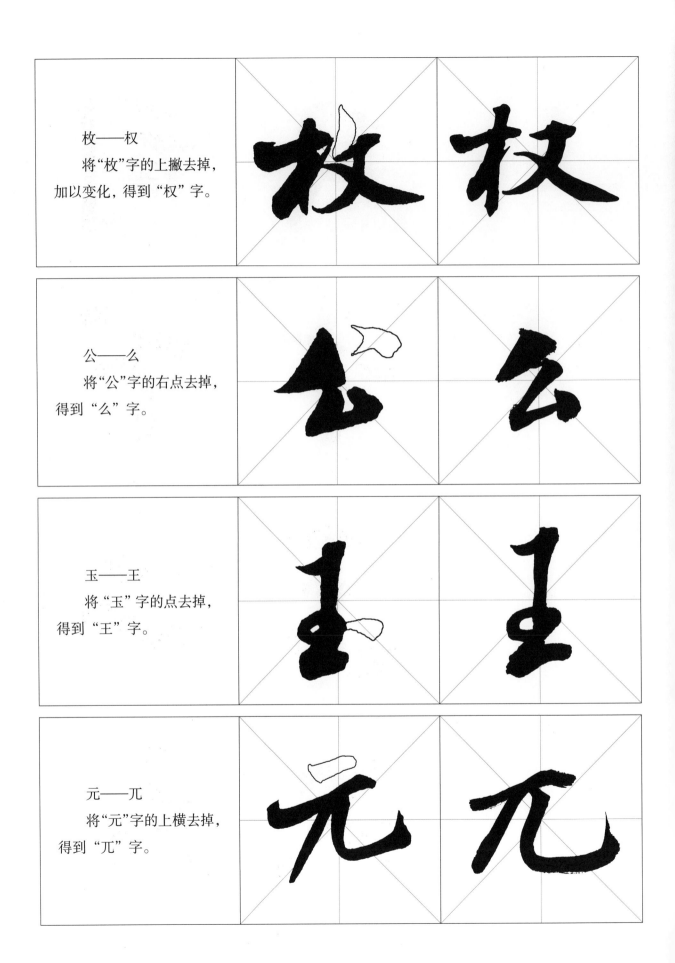

枚——权
　　将"枚"字的上撇去掉，
加以变化，得到"权"字。

公——么
　　将"公"字的右点去掉，
得到"么"字。

玉——王
　　将"玉"字的点去掉，
得到"王"字。

元——兀
　　将"元"字的上横去掉，
得到"兀"字。

60

白——曰

　　将"白"字的撇去掉，得到"曰"字。

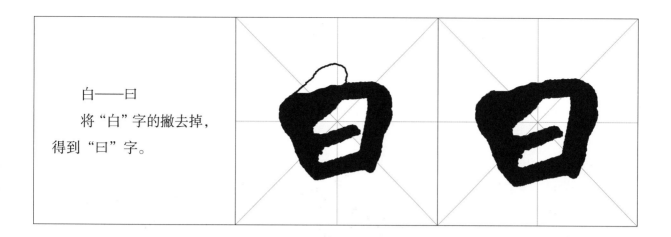

凉＋水——冰　　将"凉"字左旁移到"水"字左边，得到"冰"字。

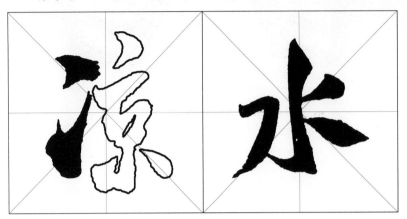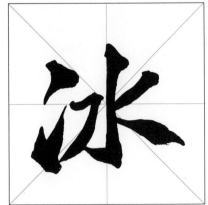

凉＋食——餐（飡）　　将"凉"字左旁移到"食"字左边，得到"飡"字。

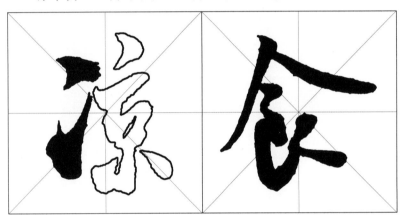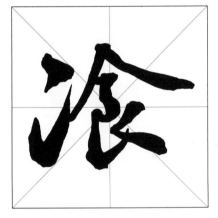

凉＋东——冻　　将"凉"字左旁移到"东"字左边，得到"冻"字。

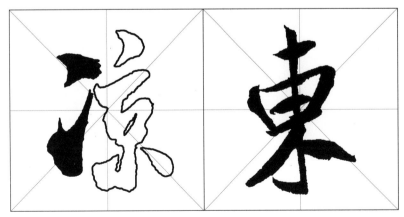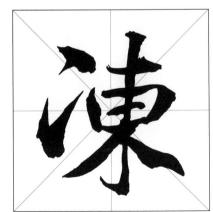

凉+难——准　　将"凉"字左旁与"难"字的"隹"部合并，得到"准"字。

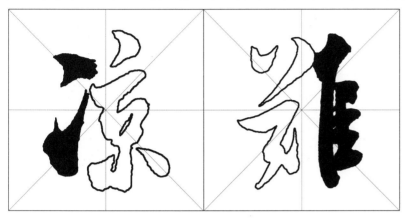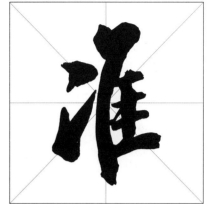

仕+三——仁　　将"仕"字左旁与"三"字的"二"部合并，得到"仁"字。

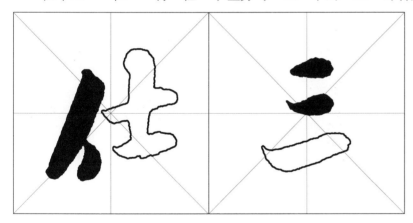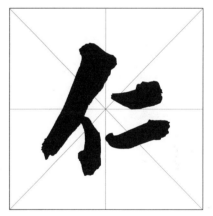

伴+好——仔　　将"伴"字左旁与"好"字右旁合并，得到"仔"字。

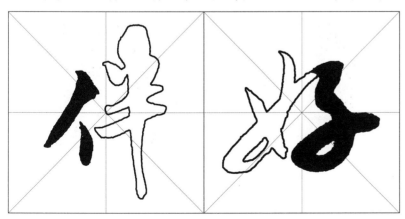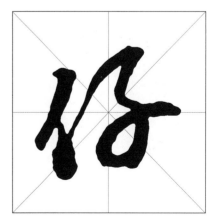

倦+转——传　　将"倦"字左旁与"转"字右旁合并，得到"传"字。

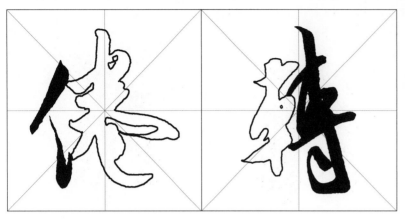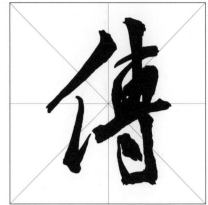

依+至——侄　　将"依"字左旁移到"至"字左边，得到"侄"字。

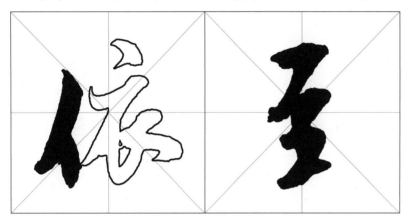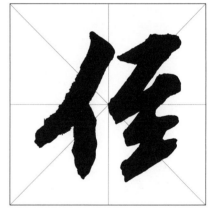

陪+月——阴　　将"陪"字左旁移到"月"字左边，得到"阴"字。

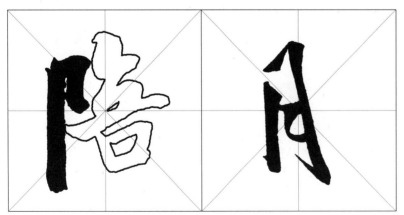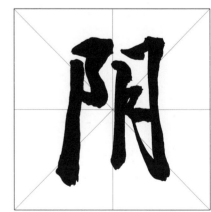

随＋日——阳　　将"随"字左旁移到"日"字左边，得到"阳"字。

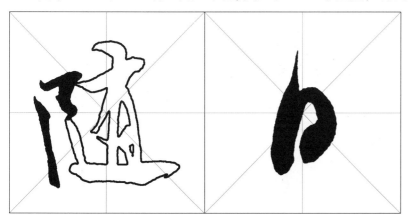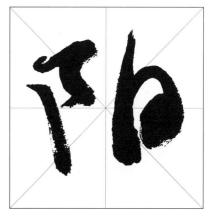

随＋余——除　　将"随"字左旁移到"余"字左边，得到"除"字。

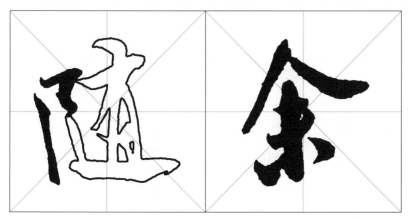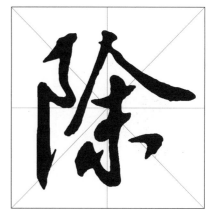

限＋东——陈　　将"限"字左旁移到"东"字左边，得到"陈"字。

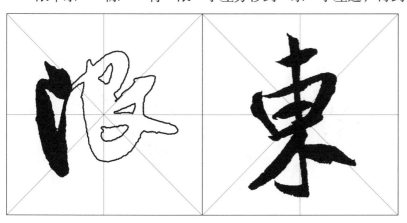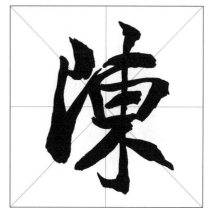

堪＋伴——坢　　将"堪"字左旁与"伴"字右旁合并，得到"坢"字。

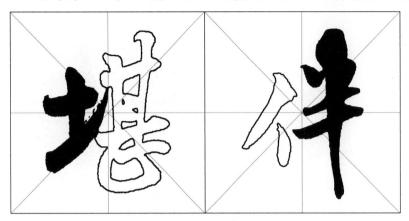 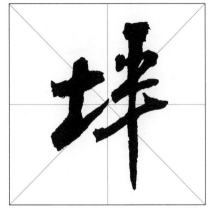

堪＋彼——坡　　将"堪"字左旁与"彼"字的右旁合并，得到"坡"字。

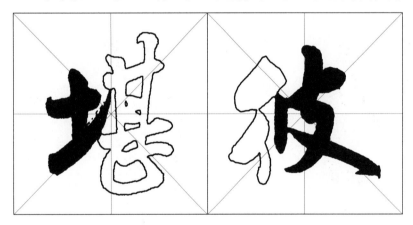 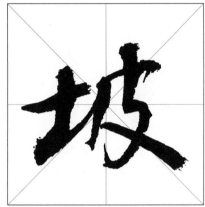

境＋他——地　　将"境"字左旁与"他"字右旁合并，得到"地"字。

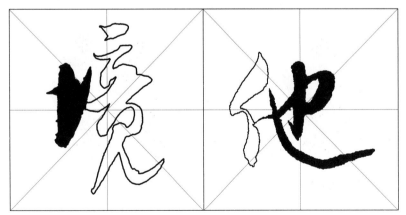 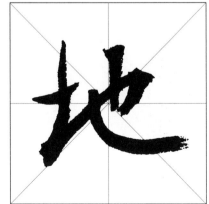

境+同——垌　　将"境"字左旁移到"同"字左边，得到"垌"字。

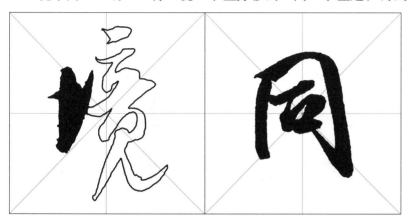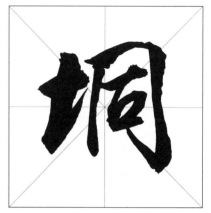

如+过（過）——娲（媧）　　将"如"字左旁与"過"字的"咼"部合并，得到"娲"字。

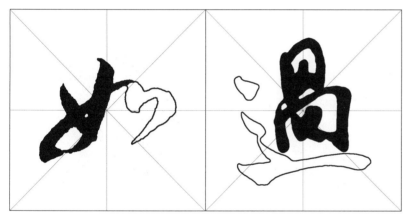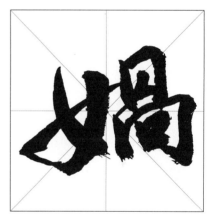

如+殊——妹　　将"如"字左旁与"殊"字的"末"部合并，得到"妹"字。

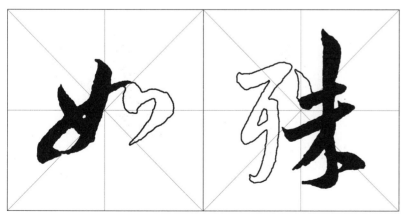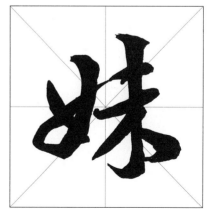

好+交——姣　　将"好"字左旁移到"交"字左边，得到"姣"字。

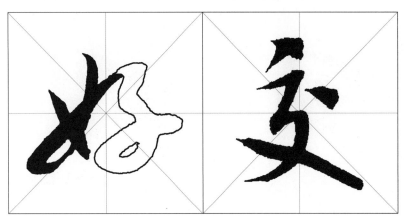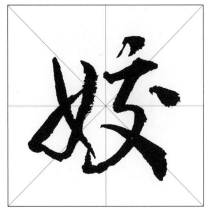

好+暖——媛　　将"好"字左旁与"暖"字的右旁合并，得到"媛"字。

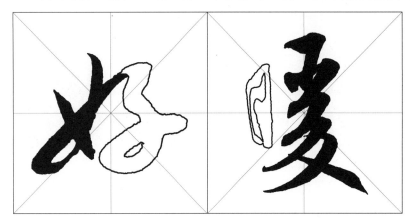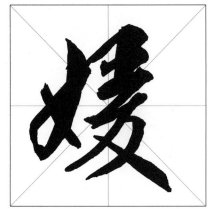

祐+拆——祈　　将"祐"字左旁与"拆"字的"斤"部合并，得到"祈"字。

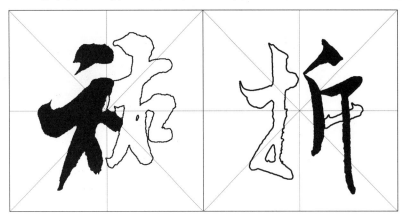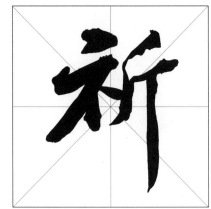

祐＋亲（親）——视（視）　将"祐"字左旁与"親"字右旁合并，得到"视"字。

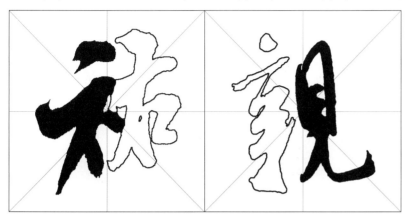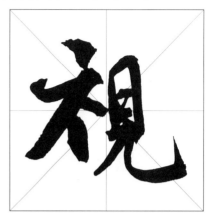

祐＋元——礼　将"祐"字左旁与"元"字的"乚"部合并，得到"礼"字。

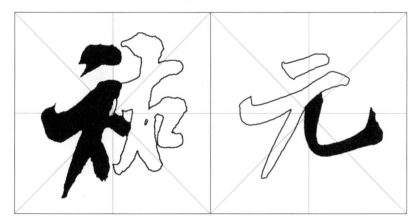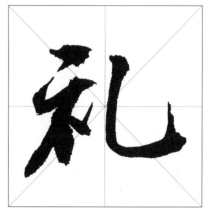

祐＋群——祥　将"祐"字左旁与"群"字右旁合并，得到"祥"字。

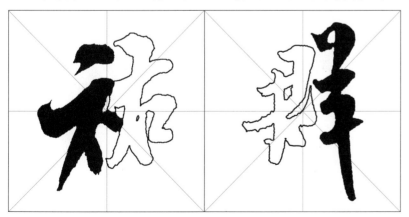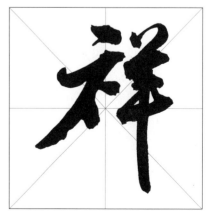

嗟＋作——咋   将"嗟"字左旁与"作"字右旁合并，得到"咋"字。

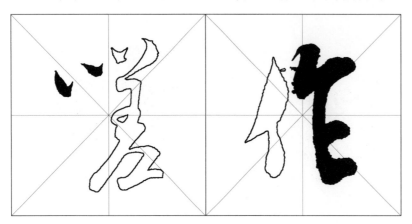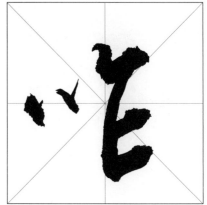

嗟＋群——咩   将"嗟"字左旁与"群"字右旁合并，得到"咩"字。

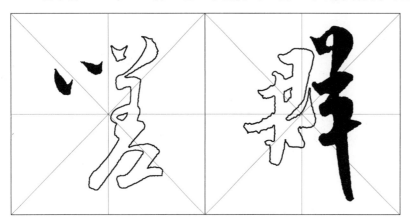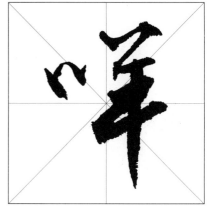

呈＋多——哆   将"呈"字的"口"部移到"多"字左边，得到"哆"字。

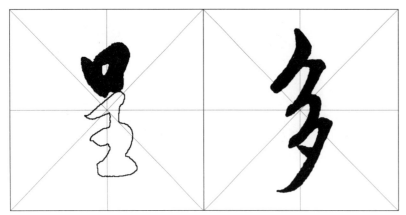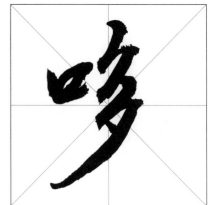

呈＋同——哃　　将"呈"字的"口"部移到"同"字左边，得到"哃"字。

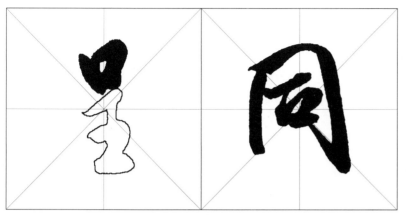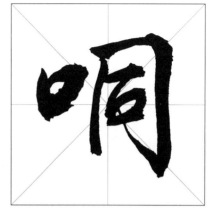

枝＋殊——株　　将"枝"字左旁与"殊"字右旁合并，得到"株"字。

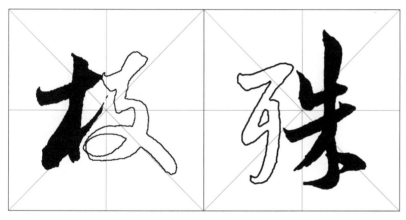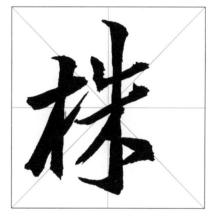

橘＋更——梗　　将"橘"字左旁移到"更"字左边，得到"梗"字。

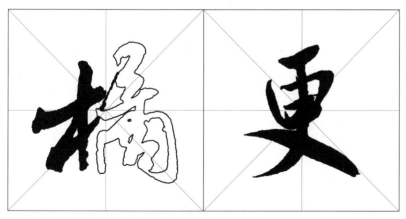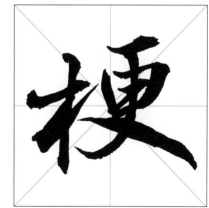

松＋群——样　　将"松"字左旁与"群"字右旁合并，得到"样"字。

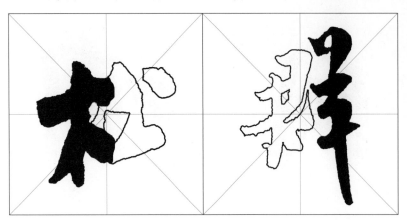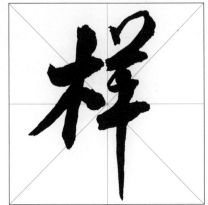

松＋阳（陽）——杨（楊）　　将"松"字左旁与"陽"字右旁合并，得到"杨"字。

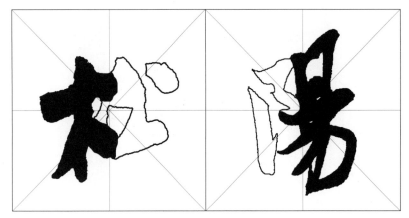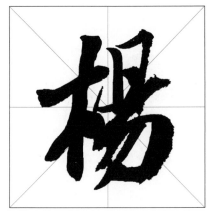

从（從）＋余——徐　　将"從"字左旁移到"余"字左边，得到"徐"字。

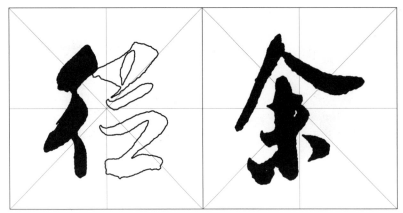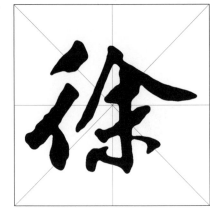

72

行＋时（時）——待　将"行"字左旁与"時"字右旁合并，得到"待"字。

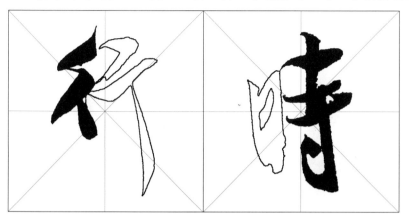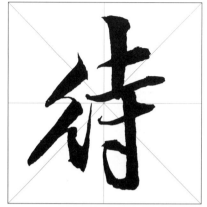

彼＋主——往　将"彼"字左旁移到"主"字左边，得到"往"字。

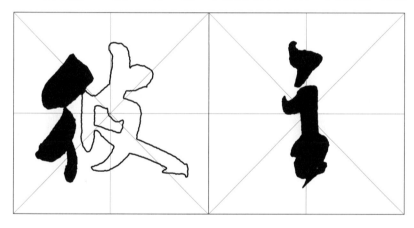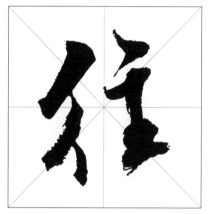

彼＋限——很　将"彼"字左旁与"限"字右旁合并，得到"很"字。

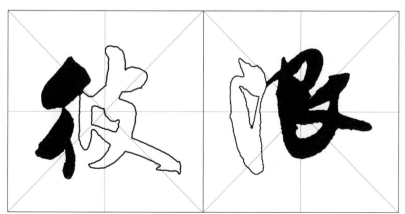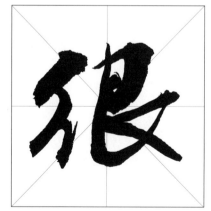

约＋留——细　　将"约"字左旁与"留"字的"田"部合并，得到"细"字。

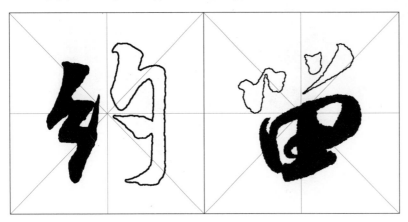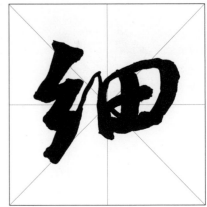

缘＋色——绝　　将"缘"字左旁移到"色"字的左边，得到"绝"字。

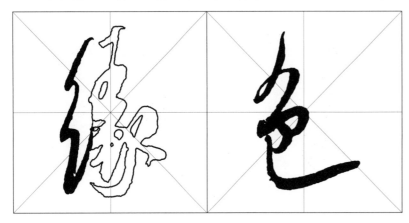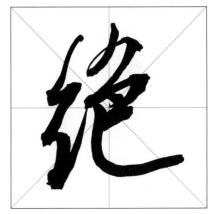

缘＋皎——绞　　将"缘"字左旁与"皎"字右旁合并，得到"绞"字。

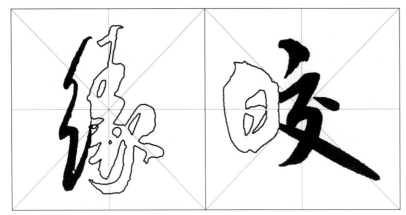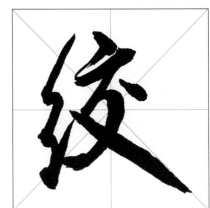

缘+暖——缓　　将"缘"字左旁与"暖"字右旁合并，得到"缓"字。

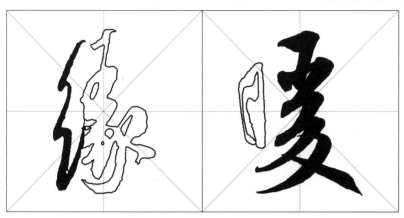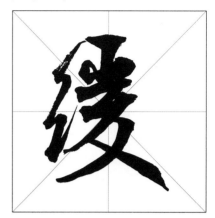

江+主——注　　将"江"字左旁移到"主"字左边，得到"注"字。

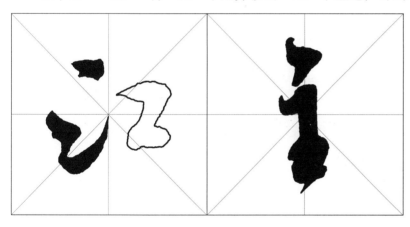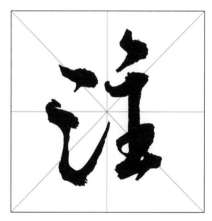

酒+朝——潮　　将"酒"字左旁移到"朝"字左边，得到"潮"字。

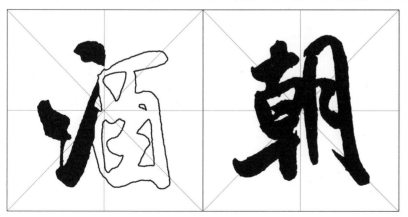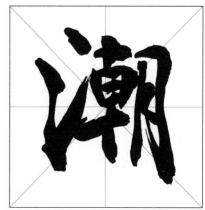

清＋同──洞　　将"清"字左旁移到"同"字左边，得到"洞"字。

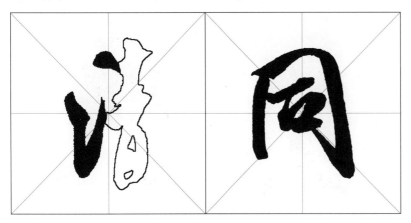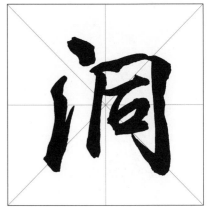

源＋半──泮　　将"源"字左旁移到"半"字左边，得到"泮"字。

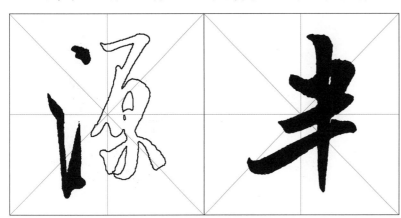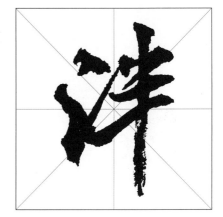

谢＋情──请　　将"谢"字的"讠"部与"情"字右旁合并，得到"请"字。

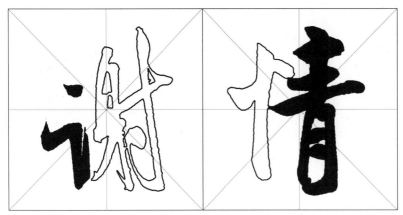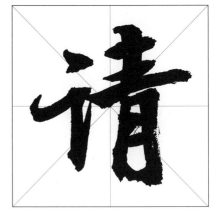

诸＋公——讼　　将"诸"字左旁移到"公"字左边，得到"讼"字。

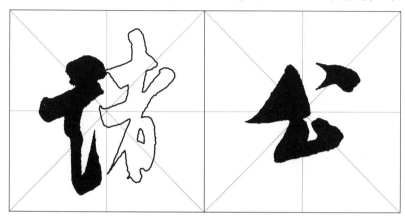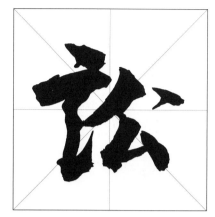

诸＋时（時）——诗　　将"诸"字左旁与"时"字的"寺"部合并，得到"诗"字。

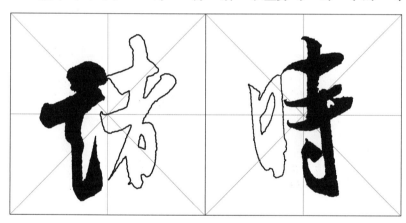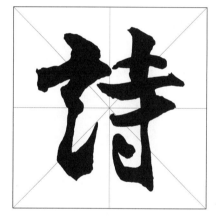

话＋漫——谩　　将"话"字左旁与"漫"字右旁合并，得到"谩"字。

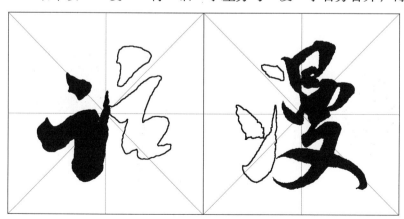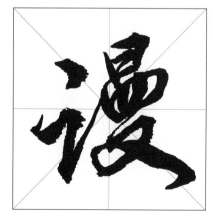

愧＋不——怀　　将"愧"字左旁移到"不"字左边，得到"怀"字。

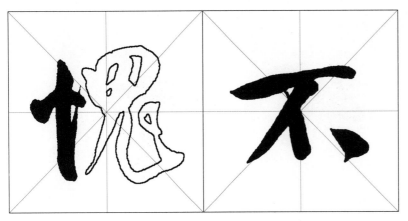
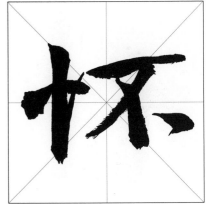

情＋时（時）——恃　　将"情"字左旁与"時"字右旁合并，得到"恃"字。

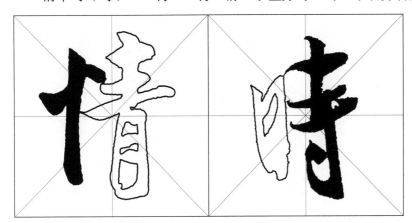
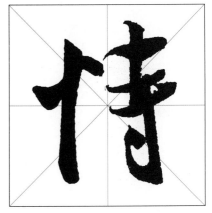

怜＋皎——怕　　将"怜"字左旁与"皎"字左旁合并，得到"怕"字。

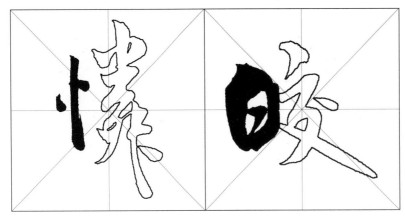
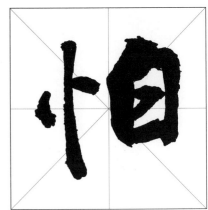

惯+姓——性　　将"惯"字左旁与"姓"字右旁合并，得到"性"字。

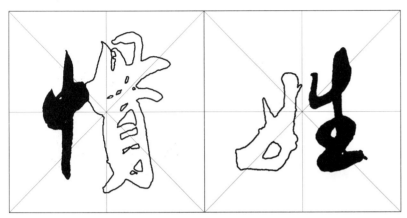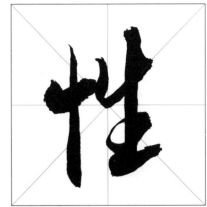

拙+话——括　　将"拙"字左旁与"话"字右旁合并，得到"括"字。

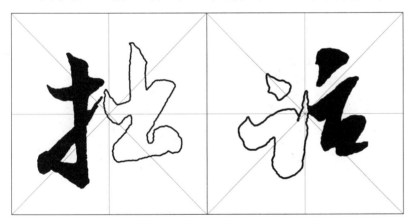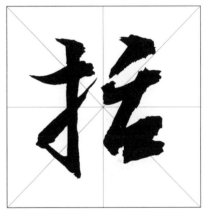

拆+觉——搅　　将"拆"字左旁移到"觉"字左边，得到"搅"字。

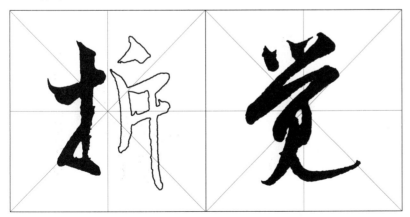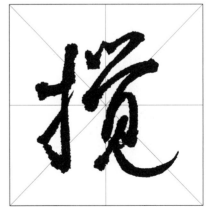

拙+借——措　　将"拙"字左旁与"借"字右旁合并，得到"措"字。

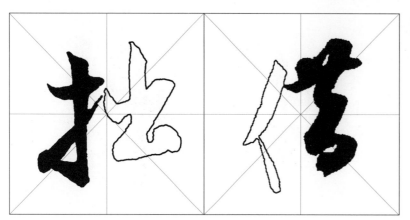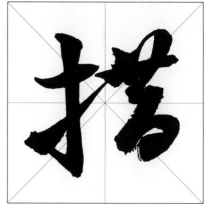

拆+非——排　　将"拆"字左旁移到"非"字左边，得到"排"字。

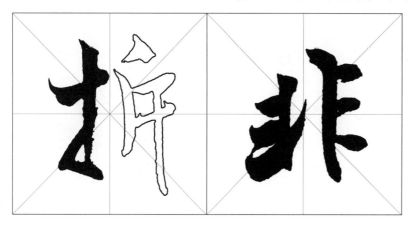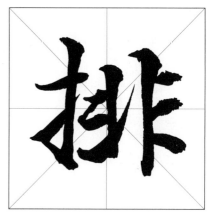

秋+剡——利　　将"秋"字左旁与"剡"字右旁合并，得到"利"字。

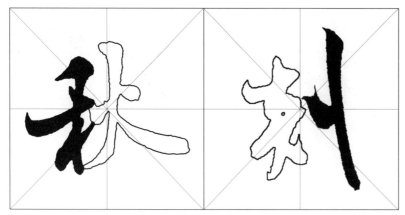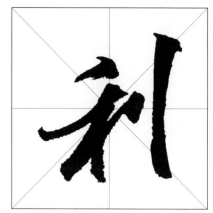

秋+陪——和　　将"秋"字左旁与"陪"字的"口"部合并，得到"和"字。

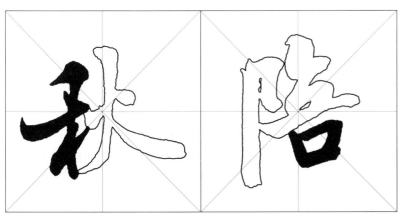
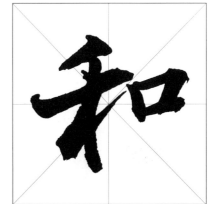

秋+公——私　　将"秋"字左旁与"公"字的"厶"部合并，得到"私"字。

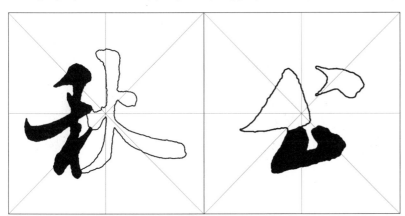
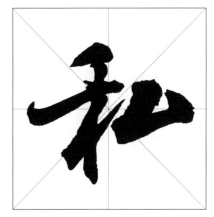

秋+多——移　　将"秋"字左旁移到"多"字左边，得到"移"字。

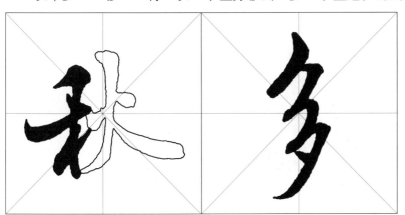
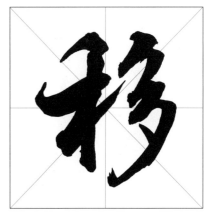

半＋荆——判　　将"半"字移到"荆"字右旁的左边，得到"判"字。

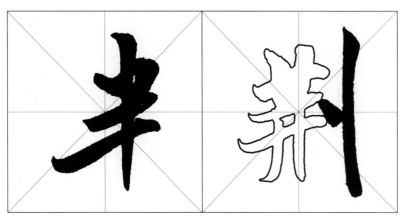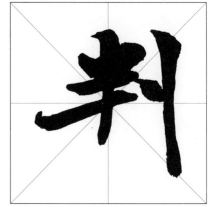

殊＋荆——列　　将"殊"字左旁与"荆"字右旁合并，得到"列"字。

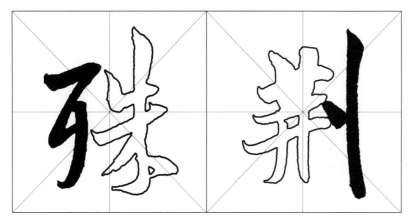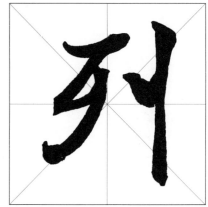

刘＋居——剧　　将"刘"字右旁移到"居"字的右边，得到"剧"字。

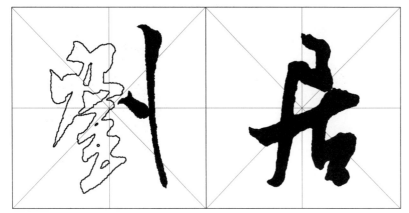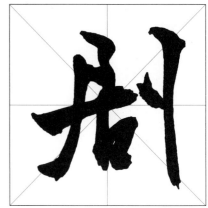

陪＋剡——剖　　将"陪"字右旁与"剡"字右旁合并，得到"剖"字。

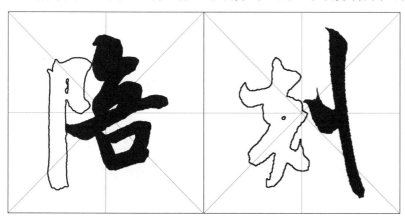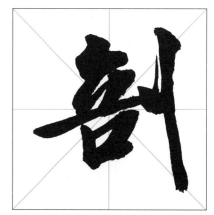

红＋顾——项　　将"红"字右旁与"顾"字右旁合并，得到"项"字。

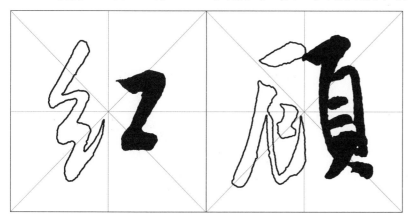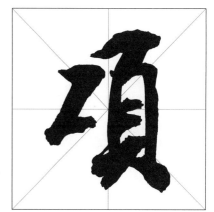

客＋频——额　　将"客"字移到"频"字右旁的左边，得到"额"字。

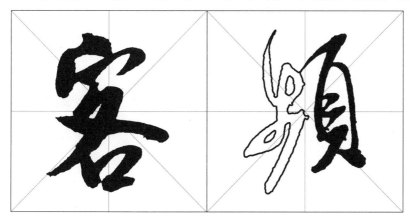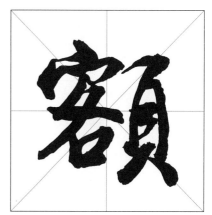

行＋倾——顶　　将"行"字的"丁"部与"倾"字的"页"部合并，得到"顶"字。

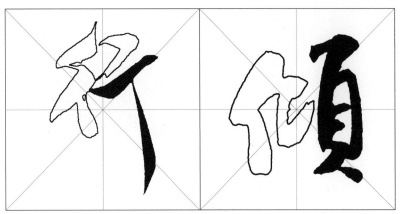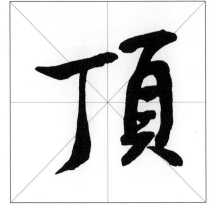

石＋倾——硕　　将"石"字与"倾"字的"页"部合并，得到"硕"字。

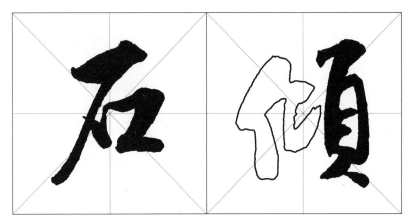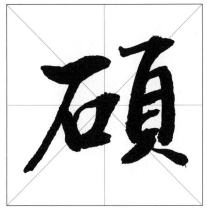

景＋鸿——鸣　　将"景"字的"口"部与"鸿"字的"鸟"部合并，得到"鸣"字。

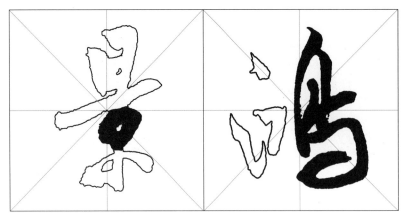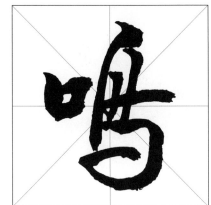

我+鸿——鹅　　将"我"字移到"鸿"字的"鸟"部左边，得到"鹅"字。

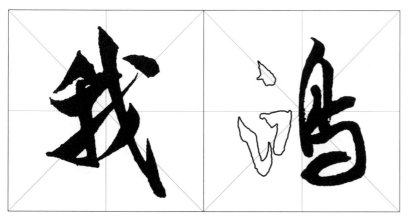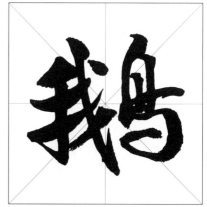

溪+鸿——鸡（鷄）　　将"溪"字右旁与"鸿"字的"鸟"部合并，得到"鸡"字。

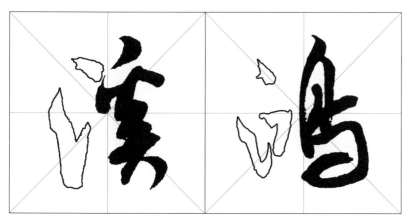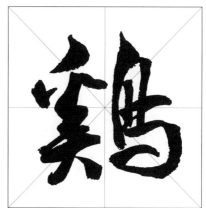

帆+有——布　　将"帆"字的"巾"部与"有"字的"𠂇"部合并，得到"布"字。

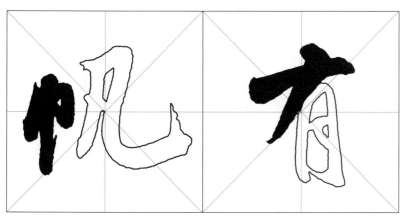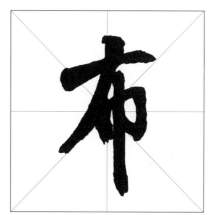

又＋歌——欢　　将"又"字移到"歌"字右旁的左边，得到"欢"字。

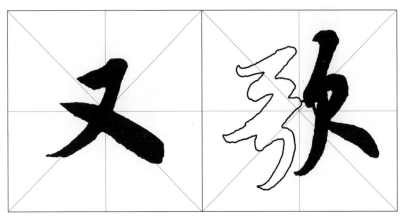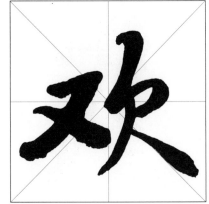

饱＋歌——饮　　将"饱"字左旁与"歌"字右旁合并，得到"饮"字。

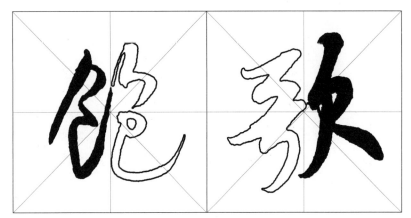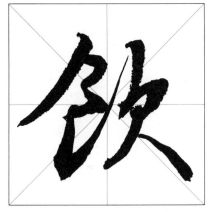

凉＋歌——次　　将"凉"字左旁与"歌"字右旁合并，得到"次"字。

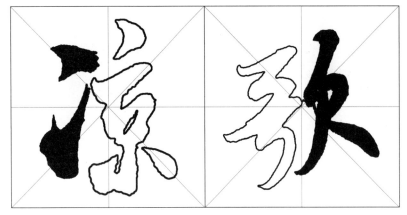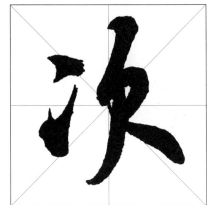

兼＋歌——歉　　将"兼"字移到"歌"字右旁的左边，得到"歉"字。

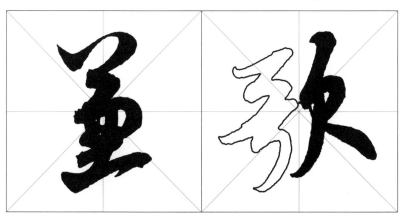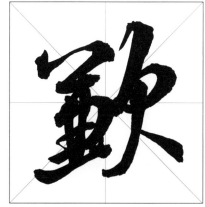

每＋故——敏　　将"每"字移到"故"字右旁的左边，得到"敏"字。

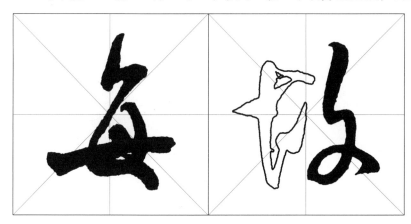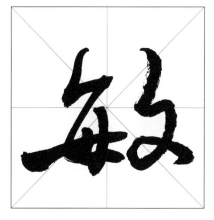

理＋枚——玫　　将"理"字左旁与"枚"字右旁合并，得到"玫"字。

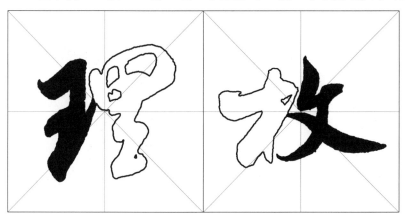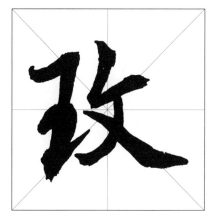

赋+故——败　　将"赋"字左旁与"故"字右旁合并，得到"败"字。

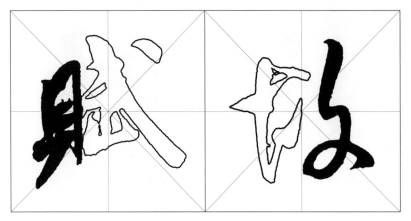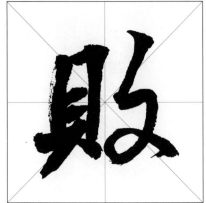

皎+枚——校　　将"皎"字右旁与"枚"字左旁合并，得到"校"字。

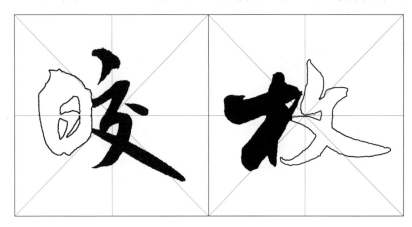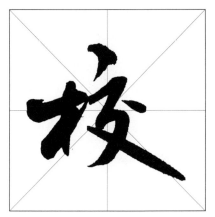

茶+戊——茂　　将"茶"字上部移到"戊"字上方，得到"茂"字。

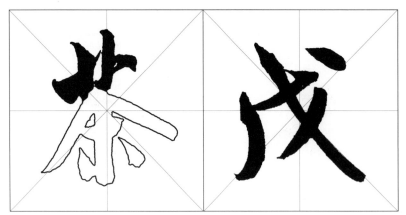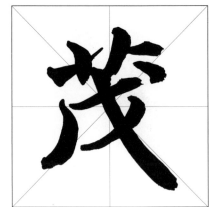

若+约——药　　将"若"字上部移到"约"字上方，得到"药"字。

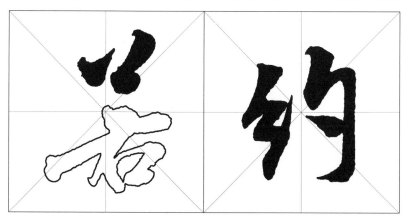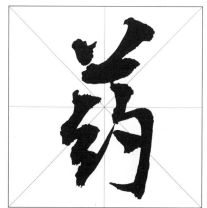

薇+采——菜　　将"薇"字上部移到"采"字上方，得到"菜"字。

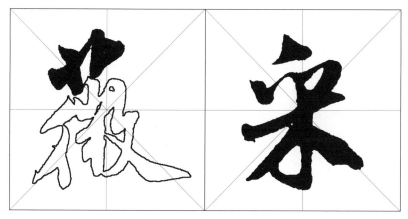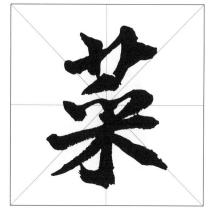

花+因——茵　　将"花"字上部移到"因"字上方，得到"茵"字。

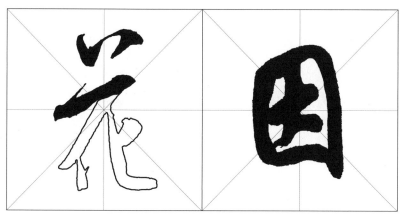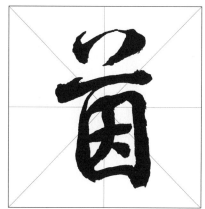

定＋浮——字　　将"定"字上部与"浮"字的"子"部合并，得到"字"字。

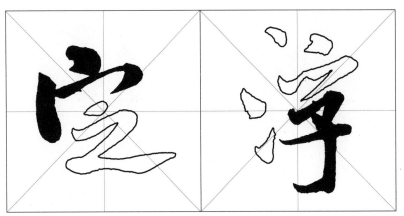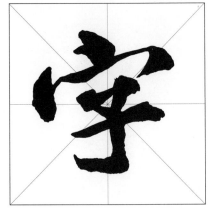

家＋至——室　　将"家"字的上部移到"至"字上方，得到"室"字。

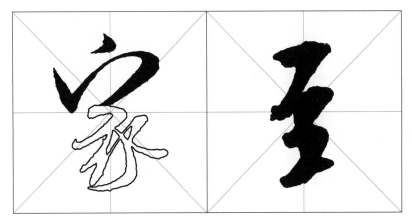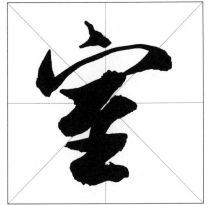

宁＋石——宕　　将"宁"字上部移到"石"字上方，得到"宕"字。

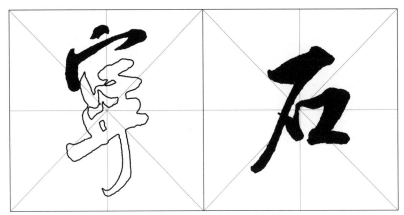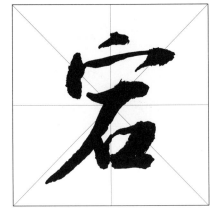

密＋梁——宋　将"密"字的宝盖头与"梁"字的"木"部合并，得到"宋"字。

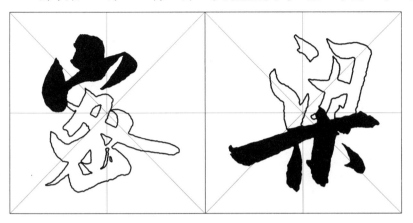
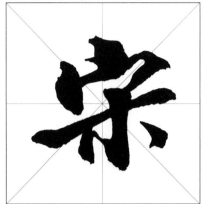

尽（盡）＋养——盖　将"盡"字的"皿"部与"养"字的"羊"部合并，得到"盖"字。

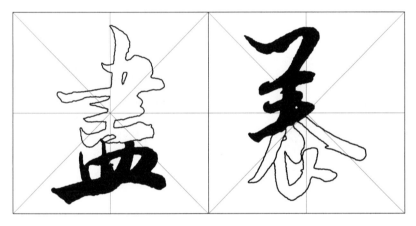
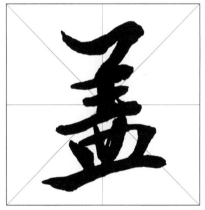

岁＋石——岩　将"岁"字上部移到"石"字的上方，得到"岩"字。

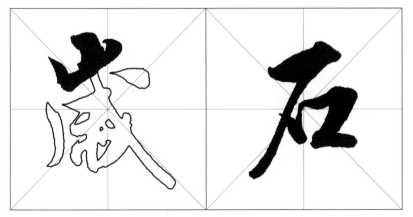
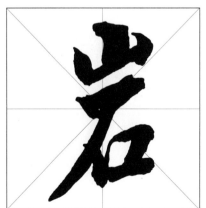

岁+集——崔　将"岁"字上部与"集"字的"隹"部合并，得到"崔"字。

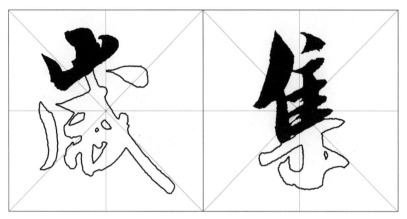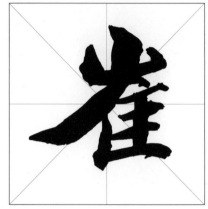

简+生——笙　将"简"字上部移到"生"字的上方，得到"笙"字。

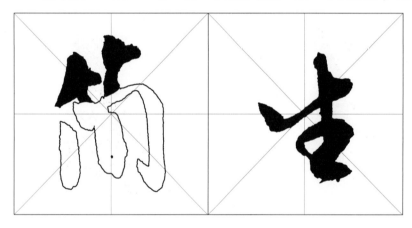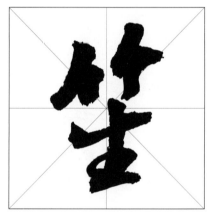

简+同——筒　将"简"字上部移到"同"字上方，得到"筒"字。

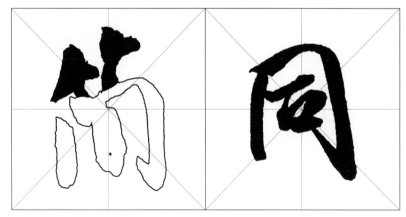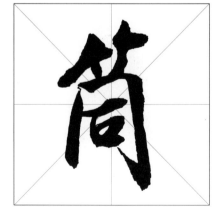

简+但——笪　　将"简"字上部与"但"字的"旦"部合并，得到"笪"字。

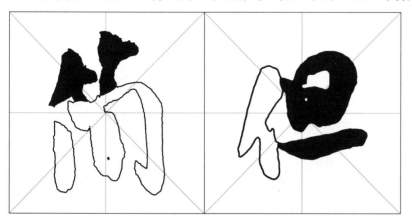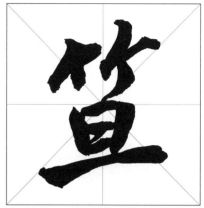

简+三——竺　　将"简"字上部与"三"字的"二"部合并，得到"竺"字。

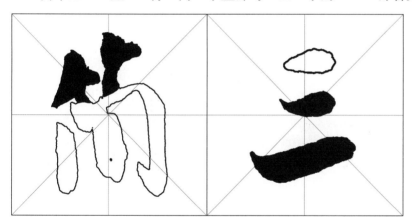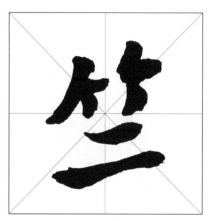

秋+惠——愁　　将"秋"字移到"惠"字的"心"部的上方，得到"愁"字。

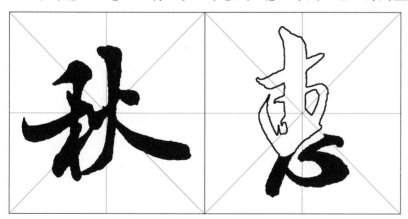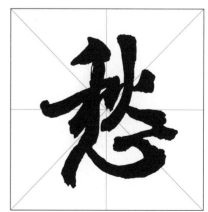

若＋意——惹　　将"若"字移到"意"字的"心"部的上方，得到"惹"字。

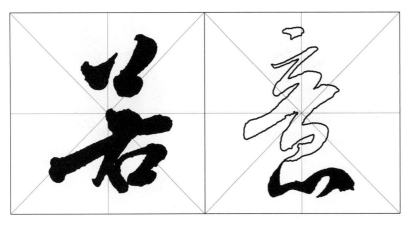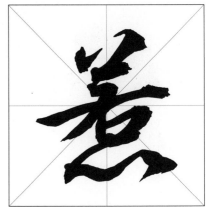

留＋念——思　　将"留"字下部与"念"字下部合并，得到"思"字。

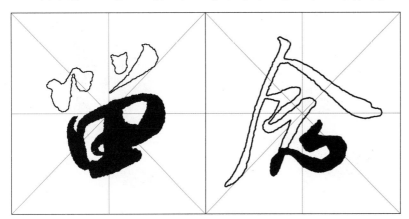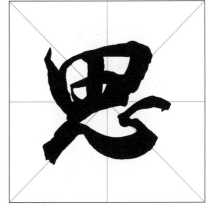

自＋念——息　　将"自"字移到"念"字下部的上方，得到"息"字。

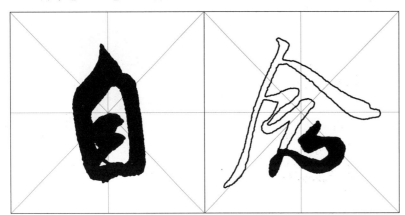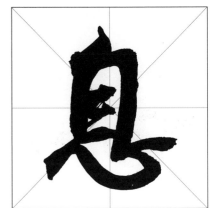

点＋诸——煮　　将"点"字的四点底与"诸"字的"者"部合并，得到"煮"字。

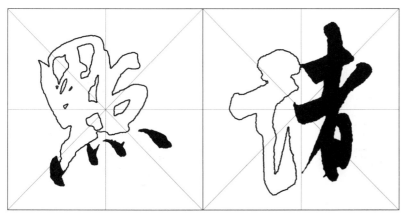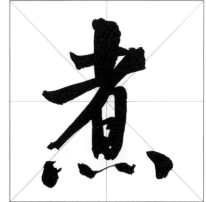

点＋群——羔　　将"点"字的四点底与"群"字的"羊"部合并，得到"羔"字。

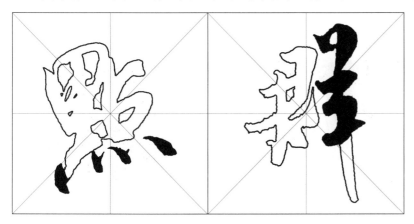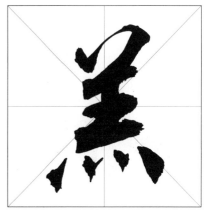

堆＋热——焦　　将"堆"字的"隹"部与"热"字下部合并，得到"焦"字。

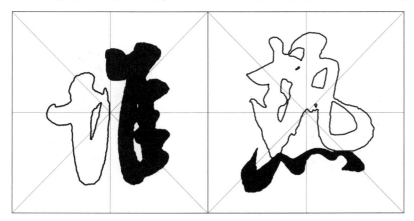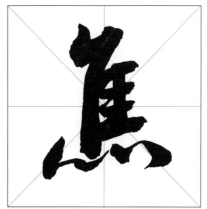

热＋枝——杰　将"热"字下部与"枝"字左部合并，得到"杰"字。

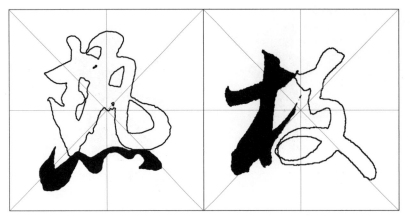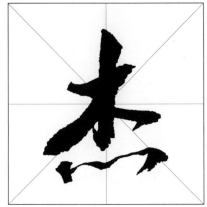

梁＋贺——架　将"梁"字的"木"部与"贺"字的"加"部合并，得到"架"字。

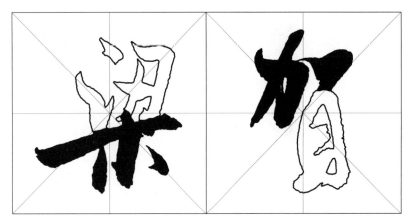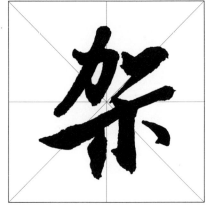

案＋含——呆　将"案"字下部与"含"字的"口"部合并，得到"呆"字。

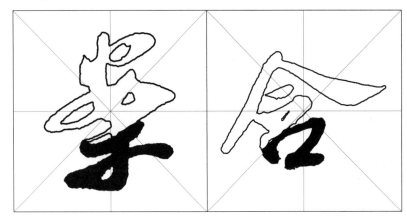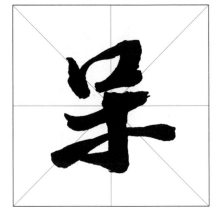

巢＋此——柴　　将"巢"字的"木"部移到"此"字下方，得到"柴"字。

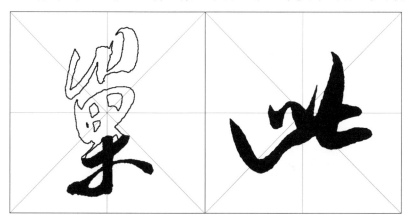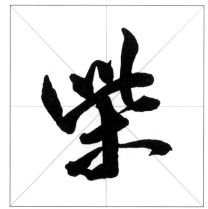

采＋贺——架　　将"采"字的"木"部与"贺"字的上部合并，得到"架"字。

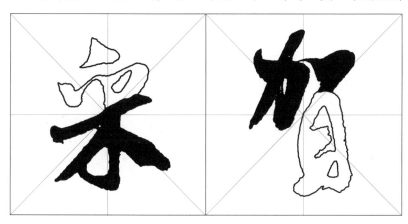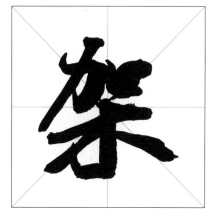

尽（盡）＋成——盛　　将"盡"字的"皿"部移到"成"字的下方，得到"盛"字。

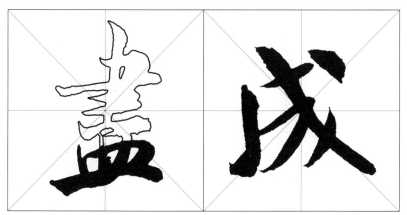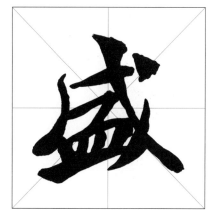

船＋尽（盡）——盘   将"船"字左部与"盡"字下部合并，得到"盘"字。

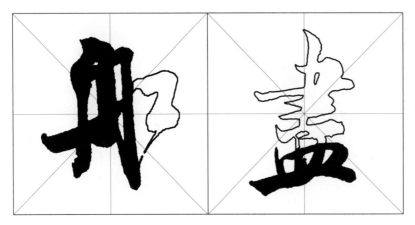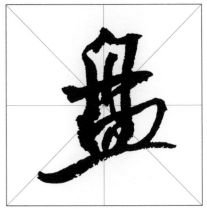

鲈（鱸）＋不——杯（盃）   将"鱸"字的"皿"部移到"不"字的下方，得到"盃"字。

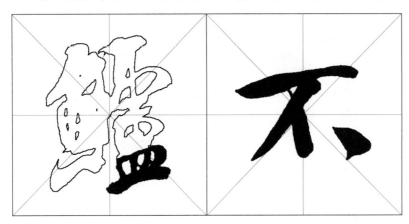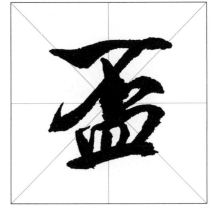

松＋对（對）——村   将"松"字的左旁与"對"的右旁合并，得到"村"字。

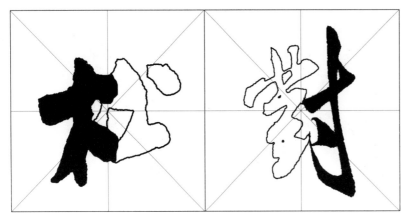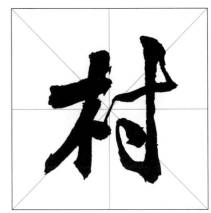

作＋心——怎　　将"作"字的右旁移到"心"字的上方，得到"怎"字。

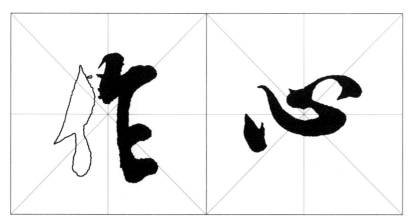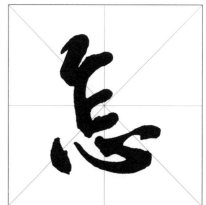

日＋凉——晾　　将"日"字移到"凉"字右部的左边，得到"晾"字。

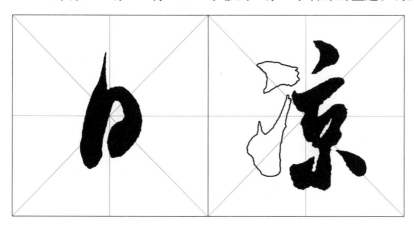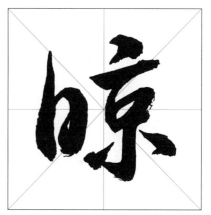

松＋元——札　　将"松"字的左旁与"元"字的"乚"部合并，得到"札"字。

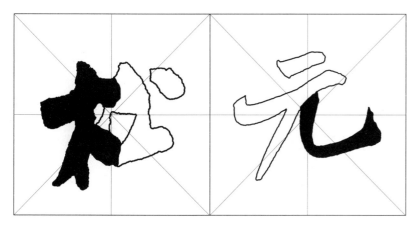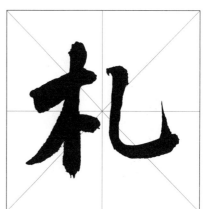

八＋团——四　　将"八"字改写后与"团"字的"口"部合并，得到"四"字。

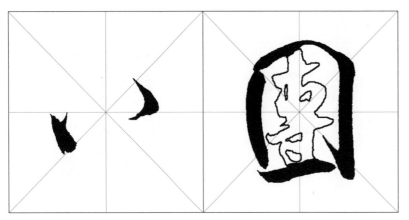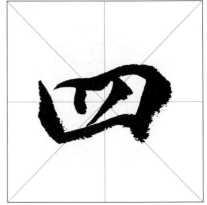

圖＋对（對）——团　　将"圖"字的"口"部与"對"字的"寸"部（改写为"才"）合并，得到"团"字。

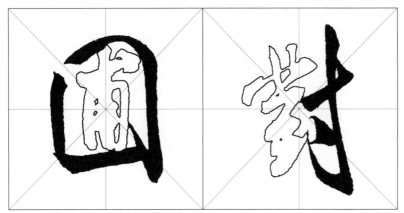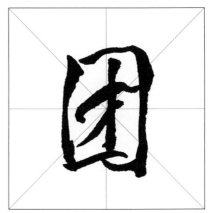

圖＋居——固　　将"圖"字的"口"部与"居"字的"古"部合并，得到"固"字。

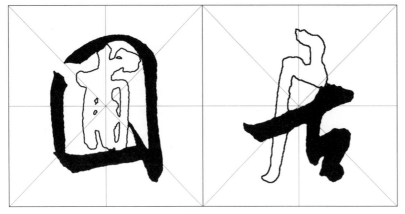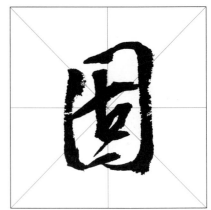

圃+荣——困　将"圃"字的"口"部与"荣"字的"木"部合并，得到"困"字。

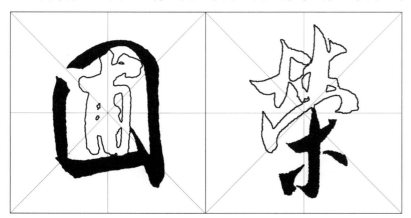 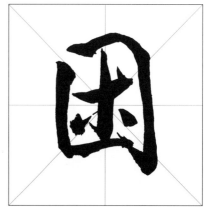

第三节　根据原帖风格造字法

我们在临习和创作的时候会遇到这种情况，我们所需要的字原帖上没有，用前述两种方法也找不到合适的字，这时我们可以根据原帖风格来"造"出我们所需要的字。

一、有走之底的字

其一，走之底的通常写法。

我们先找出原帖中一些有走之底的字，然后进行分析。画上两条线，一条横线，一条竖线。注意这两条线相交的部位，这个部位一般是走之底最大最重的地方，或者走之底最大最重的地方在它附近，它和字上部分右边最宽的地方呼应，也和字下部分最低的地方呼应。也就是说，走之底要托起上方的笔画，这是走之底的通常写法。例如"蓬、逐、随、游（遊）"四字。

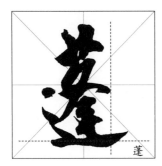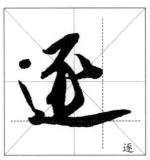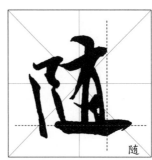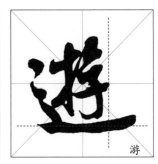

我们可以根据这个特点创作出几个有走之底的通常写法的字。

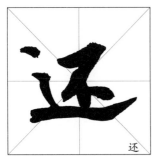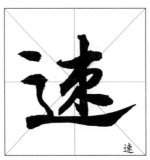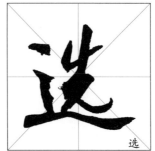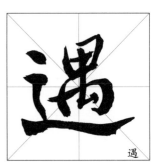

其二，走之底的特殊写法。

我们同样先找出原帖中一些有走之底的字。第一个"游"字，走之底最重处在捺画的起笔处，"还"字和"过"字也是这样的处理方法，由左轻右重的通常写法变为左重右轻的特殊写法。往右边伸展的长笔画也大大缩短，特别是后面的"游"字，其用草书写法，走之底甚至不承托上面的笔画，造成一种险侧之势。走之底左重右轻的写法，是米芾在《苕溪诗帖》里的特殊写法。

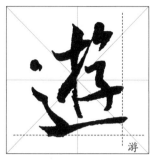 游

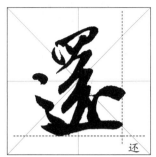 还

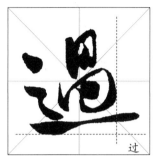 过

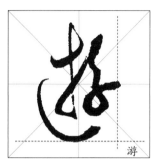 游

再写四个用特殊写法写的有走之底的字：

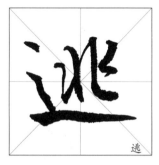 逃

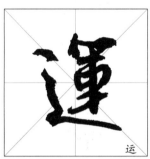 运

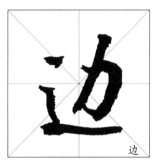 边

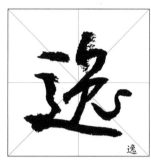 逸

二、蟹爪钩多现

蟹爪钩状如螃蟹爪，写法以竖钩为例，写竖画到末端准备出钩时稍作停顿，蓄势铺垫，缓回锋向左平推，稍疾向上钩出。在王羲之、王献之的字帖中时有出现，米芾在此帖中用蟹爪钩的地方还是很多的。

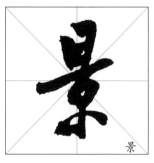 景

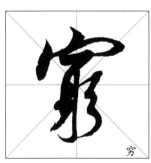 穷

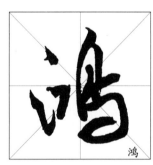 鸿

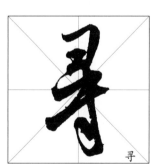 寻

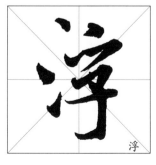 浮

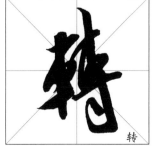 转

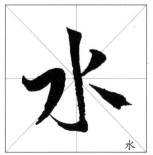 水

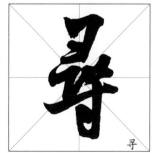 寻

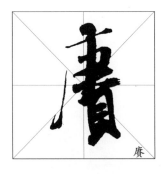 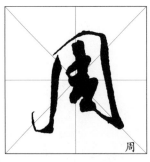 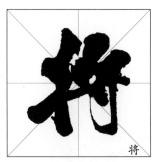 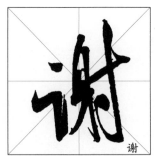

廥　　周　　将　　谢

我们根据其笔法特点，创作几个有蟹爪钩的字。

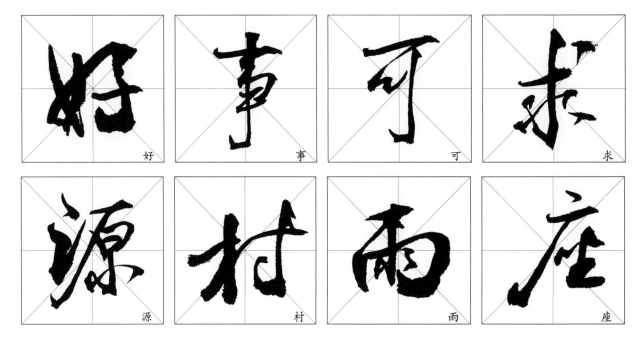

好　　事　　可　　求

源　　村　　雨　　座

举一反三，其他的我们期待你自己去分析和创造。

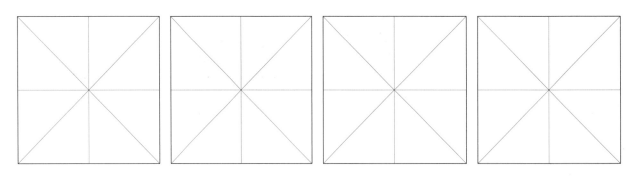

第 7 章

集字与创作

　　章法的传统格式主要有中堂、条幅、横幅、楹联、斗方、扇面、长卷等。这里以中堂为例介绍章法的传统格式。中堂是书画装裱中直幅的一种体式，以悬挂在堂屋正中壁上得名。中国旧式房屋楼板很高，人们常在客厅（堂屋）中间的墙壁挂一幅巨大的字画，称为中堂书画，是竖行书写的长方形的作品。一幅完整的中堂书法作品其章法包含正文、落款和盖印三个要素。

　　首先，正文是作品的主体部分，内容可以是一个字，如福、寿、龙、虎等有吉祥寓意的大字；也可以是几个字，如万事如意、自强不息、家和万事兴；还可以是一段文字或一篇文章，如《岳阳楼记》《兰亭序》；等等。也有悬挂祖训、格言、名句或者人物肖像、山水画、花鸟画的。尺寸一般为一张整宣纸（分四尺、五尺、六尺、八尺等）。传统中堂的写法，如果字数较多要分行书写，一般从上到下竖行排列，从右至左书写。首行不需空格，首字应顶格写；末行不宜写满，也不应只有一个字，末字下应留有适当空白。作品一般不用标点，繁体字与简化字不要混合使用。书写文字不可写满整张纸面，四周适当留出一定的空白，形成白色边框。字与字之间也应适当留空。不同的书体，其留白的形式也有区别。楷书、行书和篆书的字距小于行距，行距小于边框，以显空灵。隶书的字距大于行距。草书变化最大，有时字距大于行距，有时行距又大于字距，但是要留足边框。总之要首尾呼应，字守中线。一幅作品的正文的第一个字与最后一个字，即首字与末字，应略大或略重于其他字。首字领篇，末字收势，极为重要。作品中的每一个字都有一定的大小、轻重及形状，不可强求完全相同，要注意大小相宜，轻重适度，整体协调，字大款小，字印相映。

　　其次，落款是说明正文的出处，馈赠的对象，作者的姓名、籍贯，创作的时间、地点或者创作的感受等。落款源于"款识"，原本是青铜器上的铭文对浇铸缘由的说明，后沿用为对书画作品作者及内容的说明。落款分为上下款，作者姓名称为下款，书作赠送对象称为上款。上款一般不写姓只写名字，以示亲切，如果是单名，则姓名同写。在姓名下还要写上称谓，一般称"同志""先生"，在下面写"正之""正书""指正"或"嘱书""嘱正""雅正""惠存"等。上款可写在书作右上方或正文结束之后，但必须在下款的上方，以示尊敬。落款一般不与正文齐平，可略下些，字比正文小些。时间可以用公元纪年，也可以用干支纪年。篆书、隶书、楷书作品可用楷书或行书来落款，特别是用行书来落款，还可取得变化的效果。行书作品可用行书或草书来落款，但不要相反，即正文宜静态，落款宜动态。

最后，盖印。印章通常有姓名章和闲章两类。姓名章又叫名章，名章以外的印章都叫闲章。闲章的内容可以是名言佳句、书斋号、雅号或生肖之类。姓名章与款字大小相适，一般略小于款字，印盖于落款的下面，若用两方，则两方印章之间空一方印章的位置。闲章形式多样，可大可小，一般印盖于正文首字旁边的叫起首章（启首章），盖于中间部位的叫腰章，盖于角落的叫压角章。盖印的目的一是取信于人，二是给作品以锦上添花、画龙点睛之妙。一幅成功的中堂书法作品，是正文、落款和盖印三方面内容的有机结合，即处理好字与字、行与行的对比调和关系，使作品的黑与白、有与无、虚与实、动与静、阴与阳得到和谐的解决。

1. 中堂

用整张宣纸书写，适宜挂在厅堂的中央，故叫中堂。正文占主体，从右上开始写，不用低格；启首章在第一、第二字之间，内容是名言佳句或书斋号等；落款介绍正文出处、创作时间等，字稍小些，可用与正文一致的书体，也可用行书。落款与印不超过正文的底线。

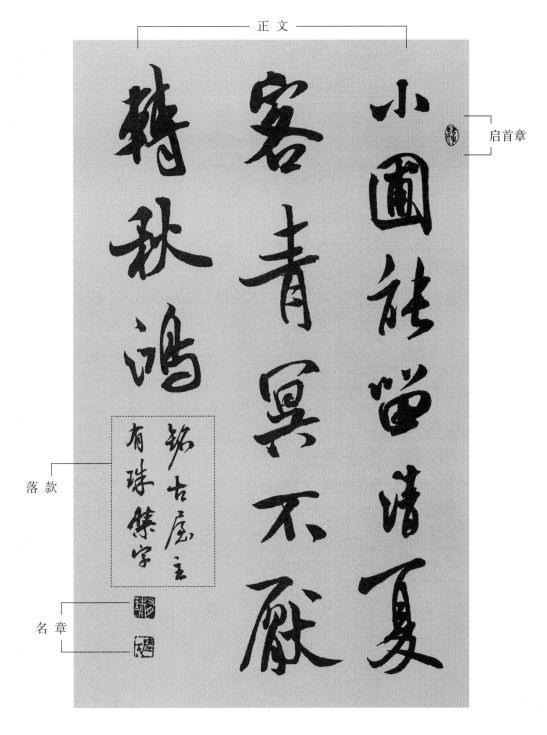

释文：

小圃能留清夏客　青冥不厌转秋鸿

落款的内容可以介绍正文出处、书写时间、地点和书写者等，根据所余位置也可以不全写，但至少应有作者名或印章。

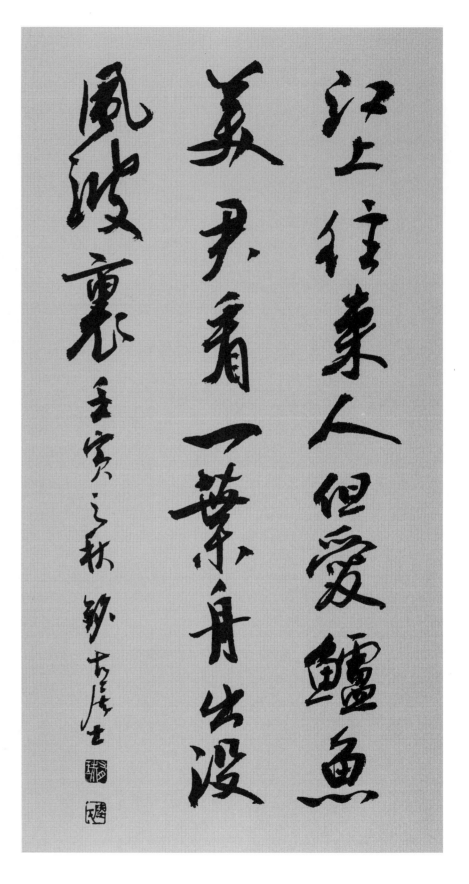

释文：

江上往来人

但爱鲈鱼美

君看一叶舟

出没风波里

落款的内容根据所余位置而定，此幅是介绍正文出处。

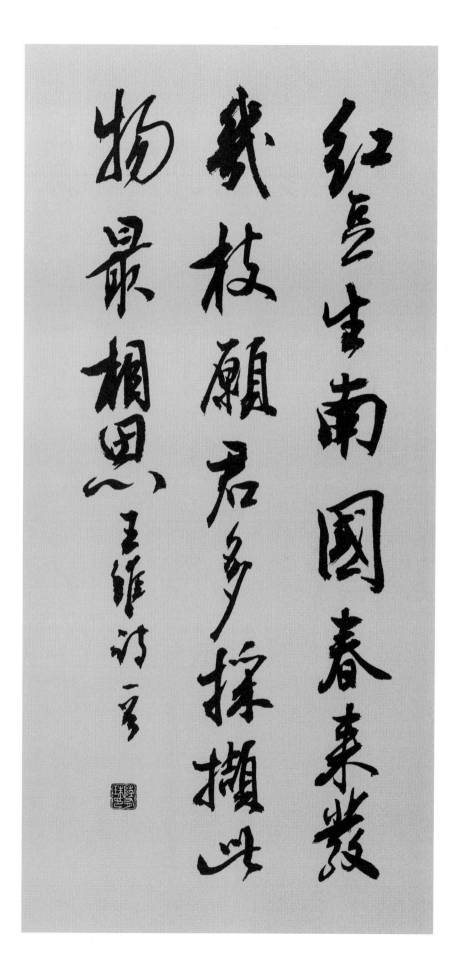

释文：

红豆生南国

春来发几枝

愿君多采撷

此物最相思

此幅作品的落款介绍书写时间。

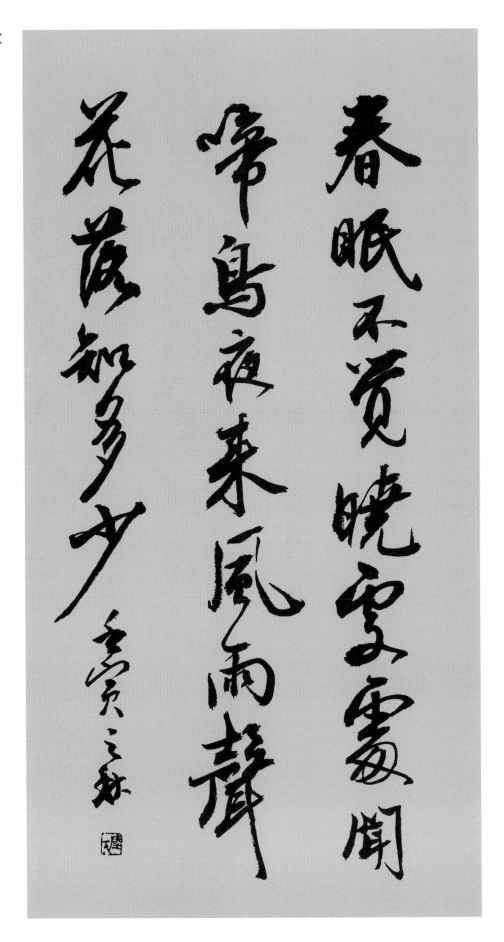

释文：
春眠不觉晓
处处闻啼鸟
夜来风雨声
花落知多少

写完正文所剩地方不多的，只落款作者名或印章，叫穷款。

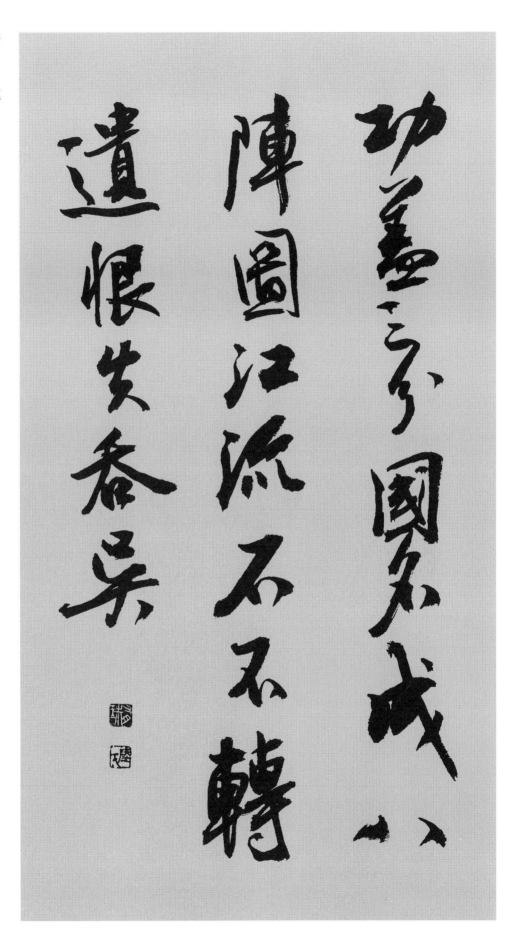

释文：

功盖三分国
名成八阵图
江流石不转
遗恨失吞吴

行书创作字
的大小要有变化。

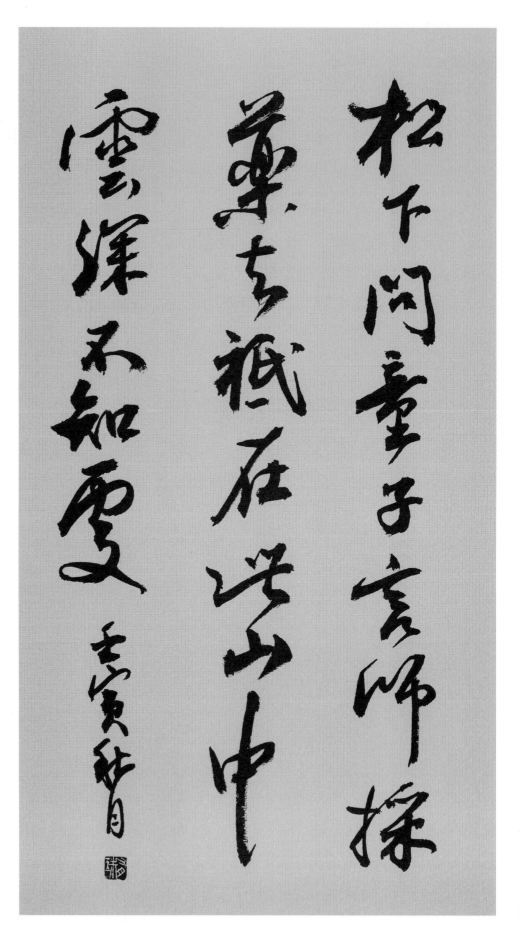

释文：
松下问童子
言师采药去
只在此山中
云深不知处

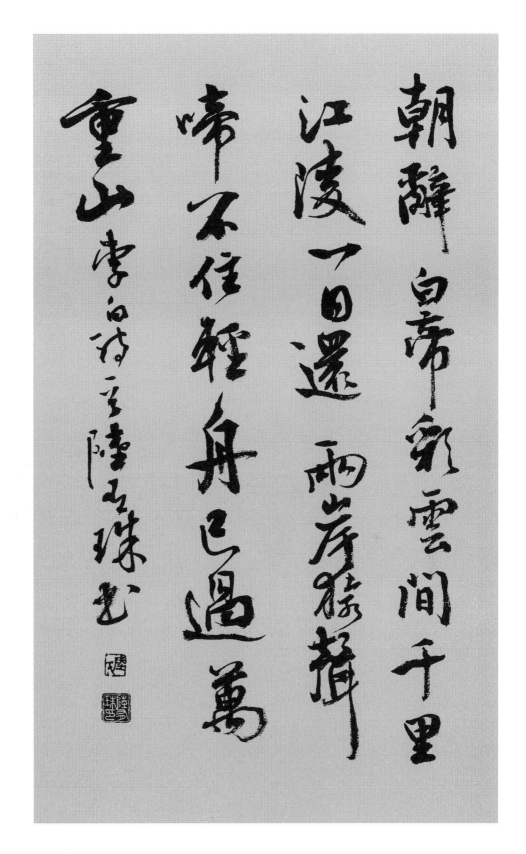

释文：

朝辞白帝彩云间　千里江陵一日还

两岸猿声啼不住　轻舟已过万重山

2.条幅

　是长条的书法
作品形式，成组的
条幅叫条屏。可在
正文后面落款，也
可在正文左方落款。

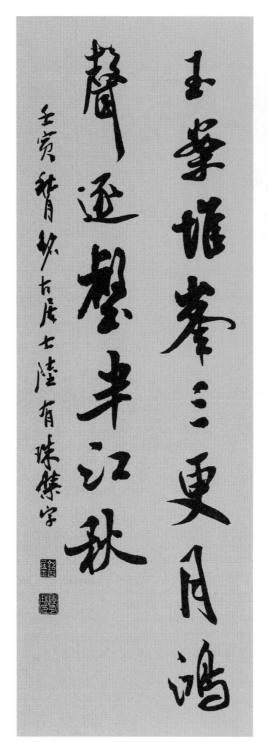 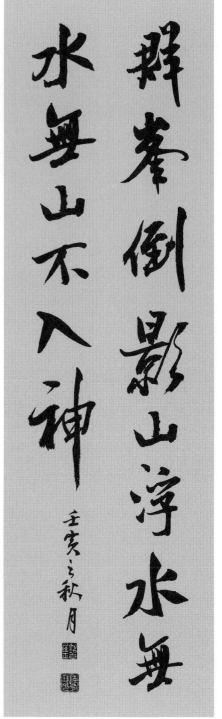

14字条幅落款在左边另起一行。　　14字条幅落款在正文后面。

释文：　　　　　　　　　　释文：

玉案堆峰三更月　　　　　群峰倒影山浮水

鸿声逐壑半江秋　　　　　无水无山不入神

3. 横幅

也叫横披。横幅书法作品横长竖短，这种形式可以写少数字，自右向左写一行，也可以横式直写形成多行长篇字。现代横披也有自左向右书写的。

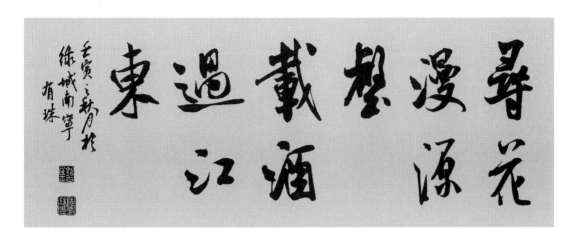

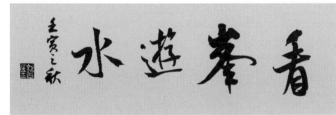

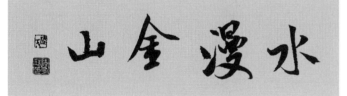

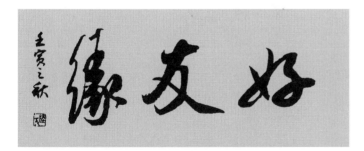

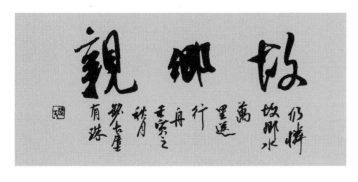

释文：

寻花漫源壑　载酒过江东

看峰游水

水漫金山

好友缘

故乡亲

4.斗方

可以把斗方看作中堂的特殊形式，斗方多为正方形或接近于正方形。

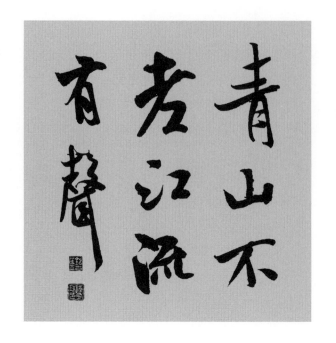

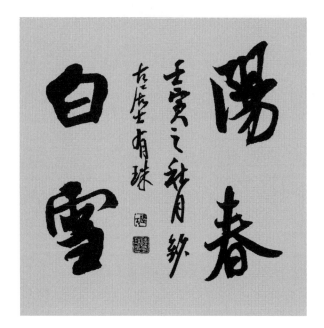

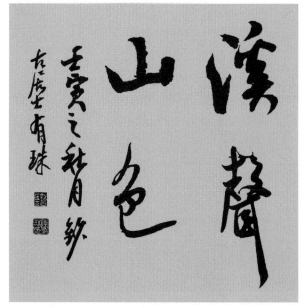

释文：

青山不老　江流有声

溪声山色

阳春白雪

5. 对联

由字数相等，词性相同，内容相同、相反或相关的对偶句组成的书法作品叫对联，也叫对子。

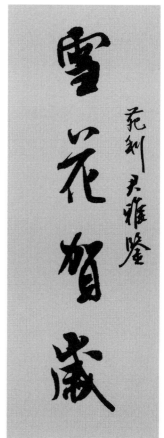
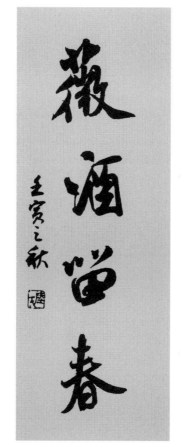
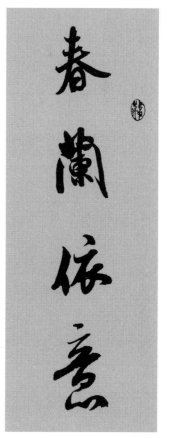
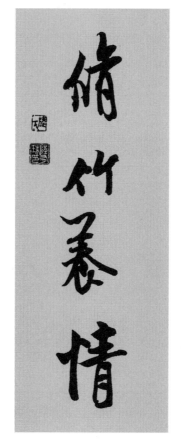

释文：

雪花贺岁　薇酒留春

春兰依意　修竹养情

写给别人的作品把别人名字加敬词写在右上方叫上款；把时间、地点和作者写在左下方叫下款。

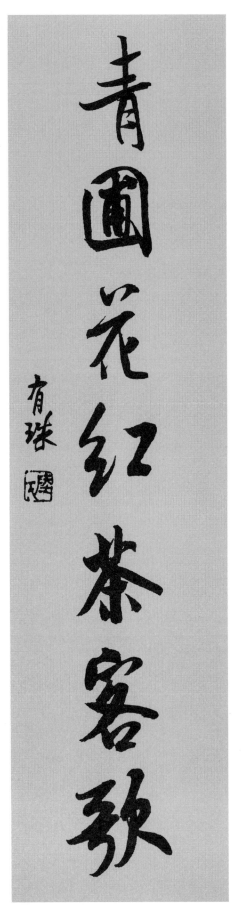
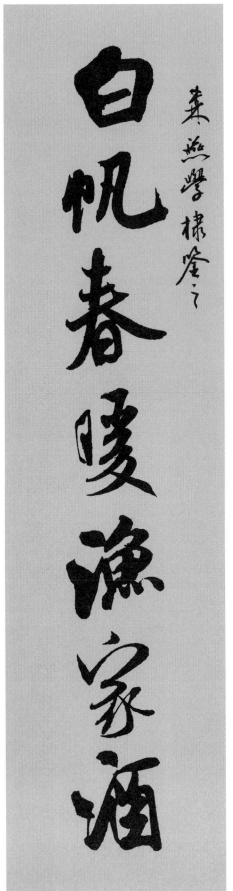

释文：
白帆春暖渔家酒
青圃花红茶客歌

118

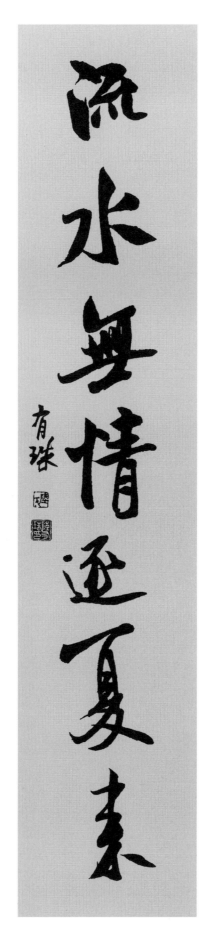

释文：

落花有意随秋去

流水无情逐夏来

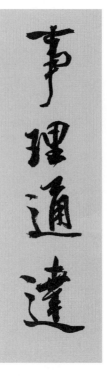
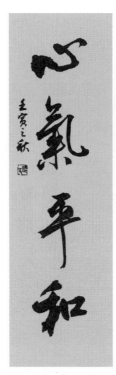
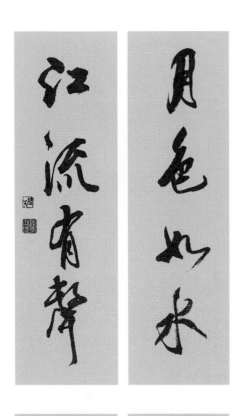

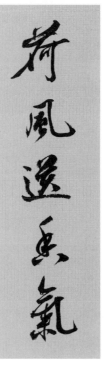
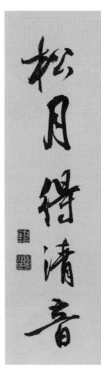
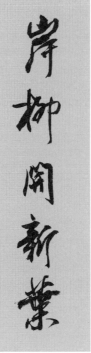
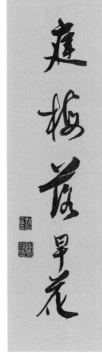

释文：

事理通达　心气平和

月色如水　江流有声

荷风送香气　松月得清音

岸柳开新叶　庭梅落早花

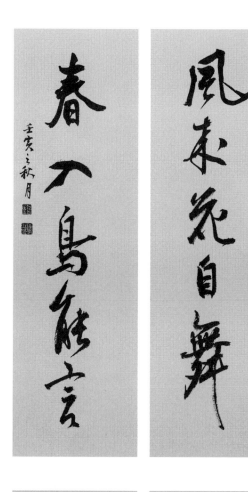
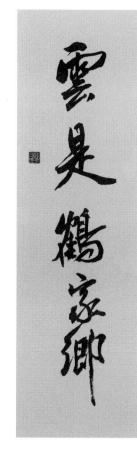
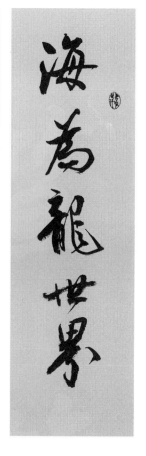

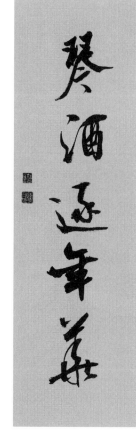
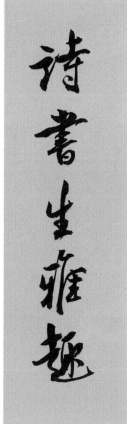

释文：

海为龙世界　云是鹤家乡

风来花自舞　春入鸟能言

诗书生雅趣　琴酒逐年华

6. 扇面

指随扇形书写的作品。扇面形式有两种。一种是折扇式，这种格式书写时，以折痕分行，呈圆心辐射状，外宽内窄，上大下小。章法并非一律，也可用长短行间隔的方式安排布局，适合扇形弧线式规律。注意不可过密，密则满；不可过松，松则散。这种格式显得活泼优美，尤其是小幅作品有较强的点缀性。一种是接近椭圆或者圆形的团扇，书写时要充实饱满，也可以圆中取方。

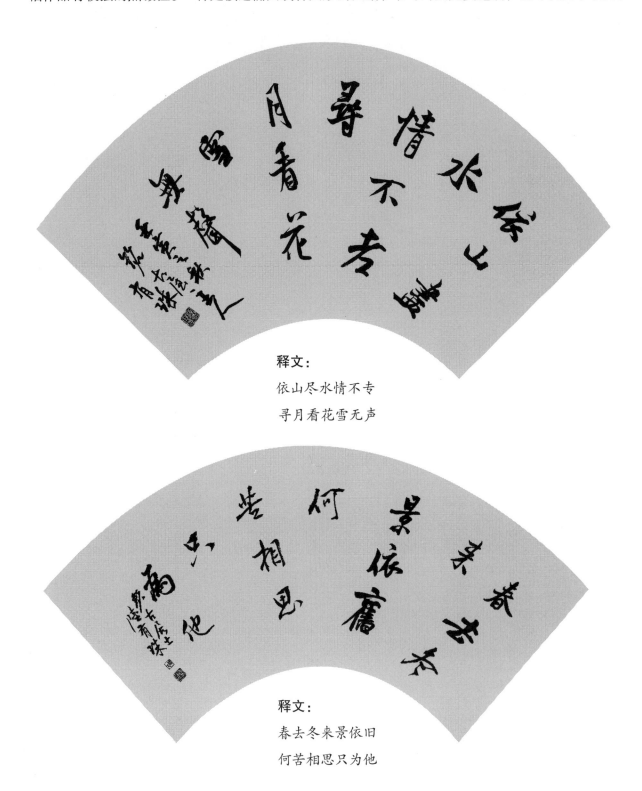

释文：

依山尽水情不专

寻月看花雪无声

释文：

春去冬来景依旧

何苦相思只为他

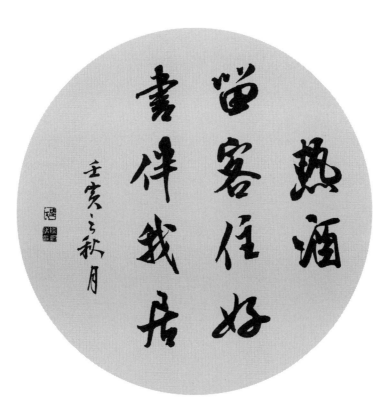

释文：热酒留客住　好书伴我居

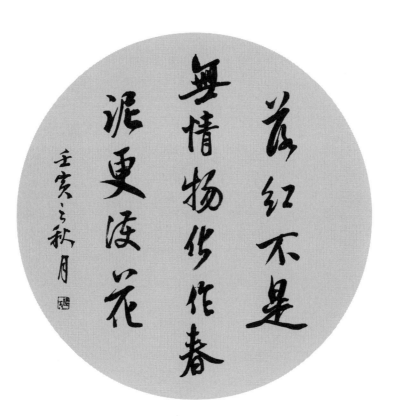

释文：落红不是无情物　化作春泥更护花

7. 长卷

书法作品中左右展开较长的一种格式，因其长度远远大于宽度，且长度太长无法悬挂，只能用手边展开欣赏边卷合，故得名，也称"书卷"或"手卷"。其内容大多为一篇完整的文章或者一首（组）诗词。手卷篇幅较短的有三四米，长的可达到10米，宽度一般为30至50厘米。卷首外有题签，卷内开头有引言，后有题跋。

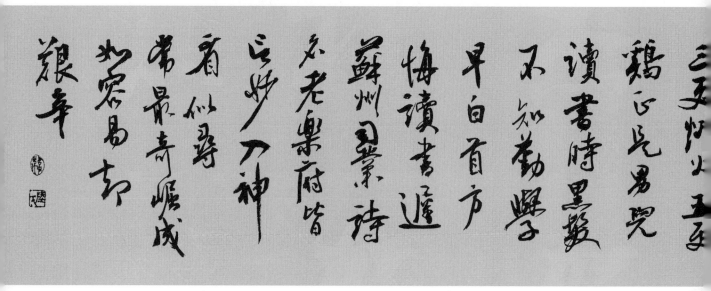

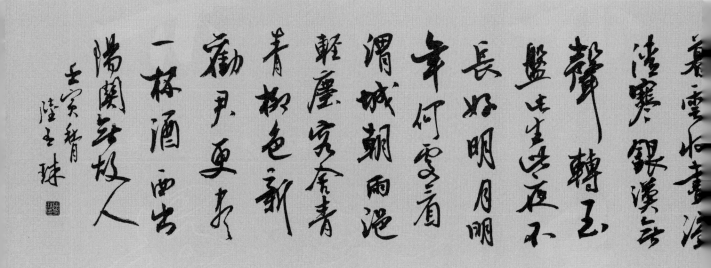

释文：

三更灯火五更鸡	正是男儿读书时	黑发不知勤学早	白首方悔读书迟
苏州司业诗名老	乐府皆言妙入神	看似寻常最奇崛	成如容易却艰辛
暮云收尽溢清寒	银汉无声转玉盘	此生此夜不长好	明月明年何处看
渭城朝雨浥轻尘	客舍青青柳色新	劝君更尽一杯酒	西出阳关无故人

第 8 章

原帖欣赏

（字的顺序从右到左）

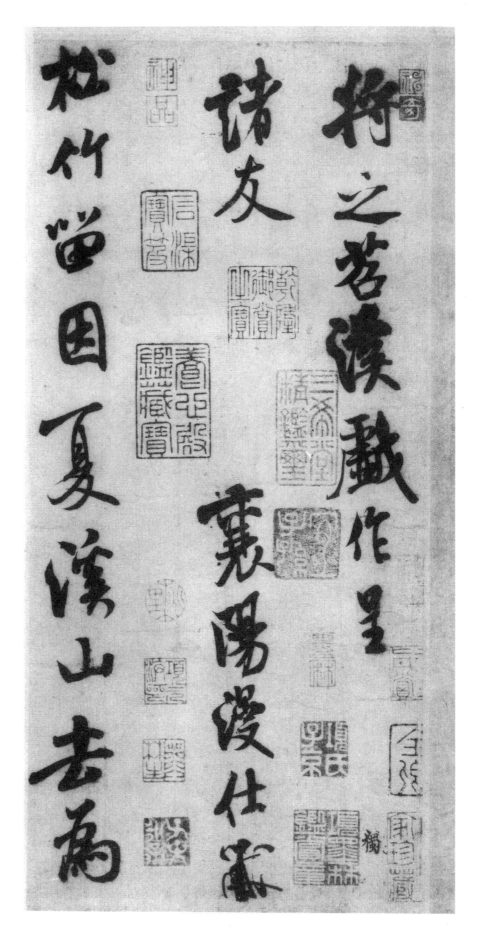

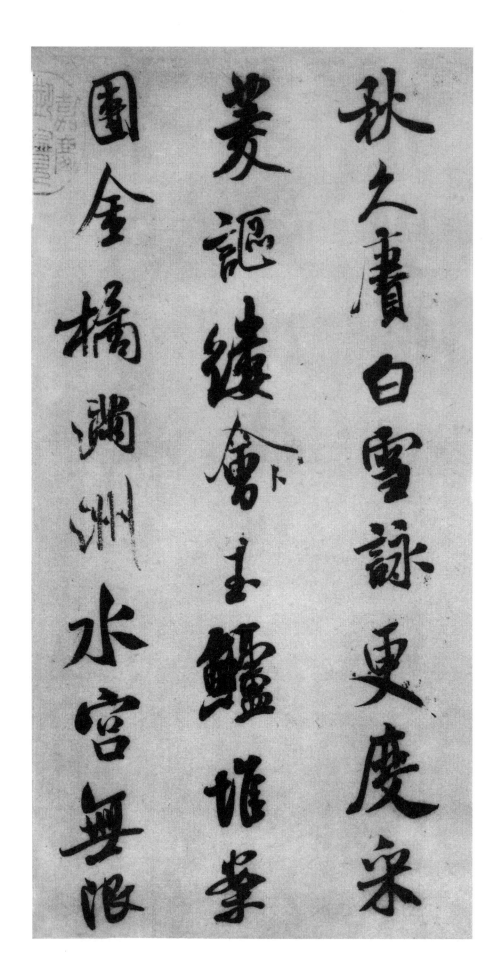

秋久書白雪詠更慶柔

菱詭鏤畬主鱸誰棐

圍金橘滿洲水宮無浪

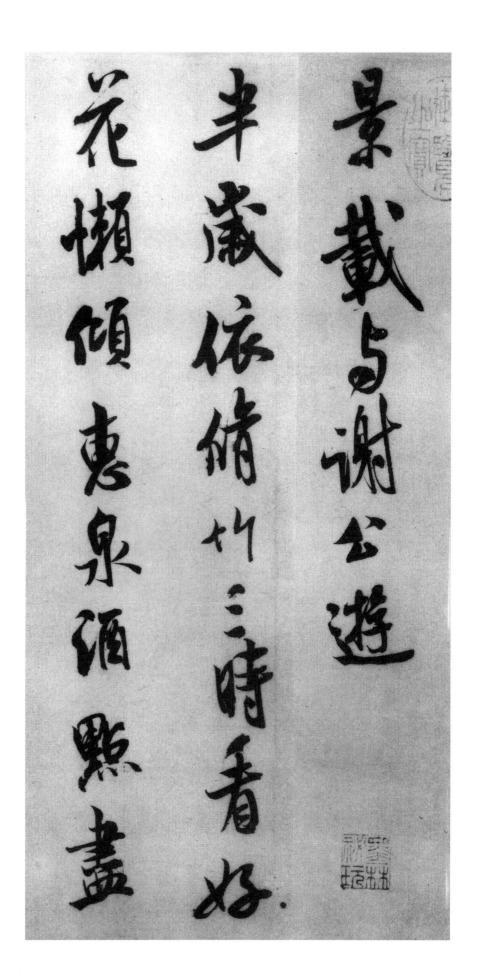

景戴与谢公遊
半歲依俙竹二時看好
花懶傾惠泉酒點盡

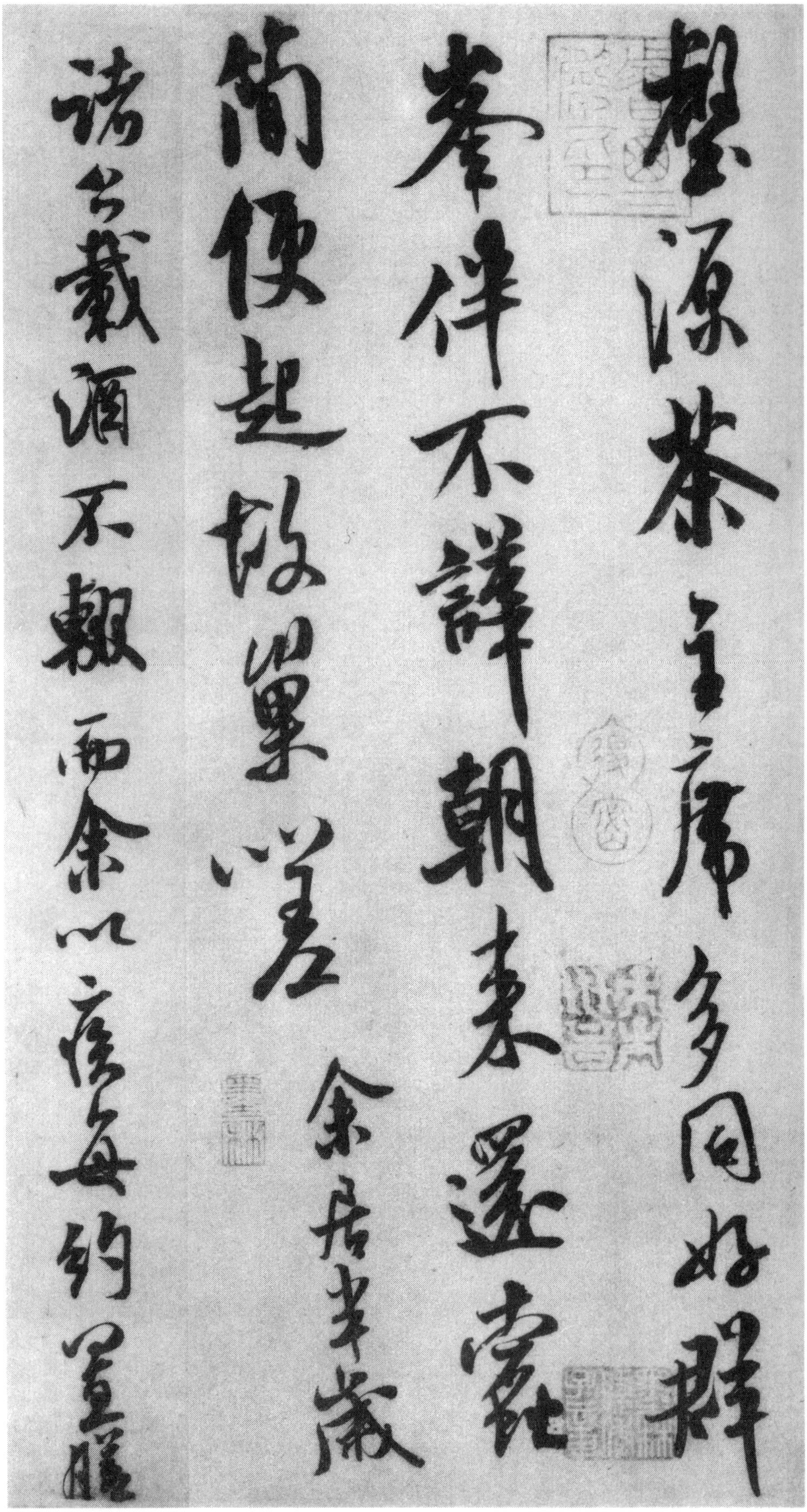

槐源茶主席多同好群

眷俱不讲朝来还宿此

简便起好單以著 余居半歲

诸君藏酒不报而茶以彦每約置膳

清話而已復借書劉李周三姓

好懶難辨友知容必念

通資非理生拙病覺表心切

小園能留客青冥不厭

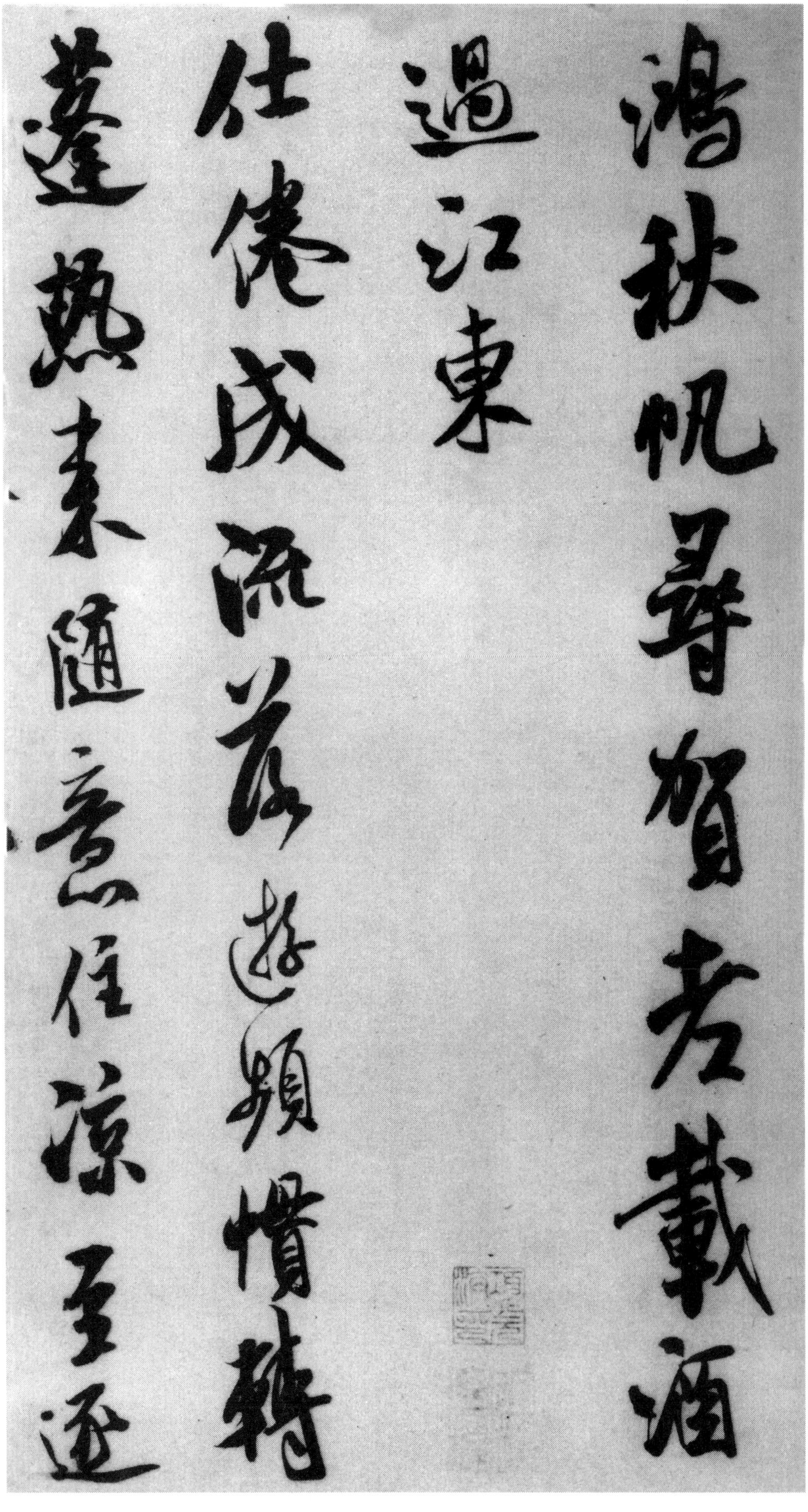

鴻秋帆尋賀老載酒

過江東

仕倦成流芳遊頻帽轉

蓬熱素隨意住涼至逐

東入境親陳集他郷

彼此同暖衣重食飽但覚

愧梁鴻

旅食縁交駐浮家為興

来句留荆水話襟肉下

峰開過刺如尋載遊課

定賦牧漁歌堪盡愛又

有魯公陪

密友伴春拆紅薇過夏
榮圃枝殊自得顧我以若舍
情漫有蘭隨色寧守無石
對聲去慷曉二月依

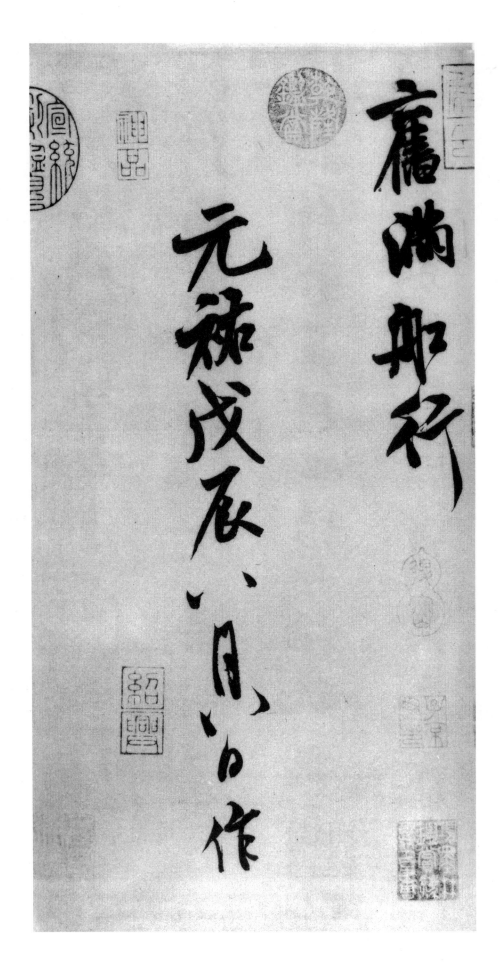

廬山瀑布行

元祐戊辰八月十日作